FORTBILDUNG

in der Deutschen Sprache

STUDENT'S BOOK

FORTBILDUNG

in der Deutschen Sprache

STUDENT'S BOOK

BY

ROBIN T. HAMMOND, M.A.

Lektor an der Pädagogischen
Hochschule Westfalen-Lippe,
Abteilung Paderborn

OXFORD UNIVERSITY PRESS

Oxford University Press, Ely House, London W.1

GLASGOW NEW YORK TORONTO MELBOURNE WELLINGTON
CAPE TOWN IBADAN NAIROBI DAR ES SALAAM LUSAKA ADDIS ABABA
DELHI BOMBAY CALCUTTA MADRAS KARACHI LAHORE DACCA
KUALA LUMPUR SINGAPORE HONG KONG TOKYO

FIRST PUBLISHED 1969
REPRINTED (WITH CORRECTIONS) 1971, 1972, 1974

MADE AND PRINTED BY OFFSET IN GREAT BRITAIN BY
WILLIAM CLOWES & SONS, LIMITED, LONDON, BECCLES AND COLCHESTER

PREFACE

The course is designed for advanced students; that is, for students who are already familiar with the essentials of German sentence-structure, grammar, and the more common phrases and expressions. It should provide useful material for those students preparing for the Advanced Level of the London Chamber of Commerce, the oral sections of the new Royal Society of Arts examinations for secretarial linguists and bilingual secretaries, and also the Advanced Level of the G.C.E. examinations. First-year university students could also use the course to advantage. It is not specifically geared to examination work though, and is therefore suitable for the many advanced mature students and adults, who are not working for an examination, but who require practice material, which will prepare them for visits to German-speaking countries. It could also be usefully used by sixth formers learning to speak German fluently.

Writers on the science of linguistics, particularly over the last decade, have stressed that *speech* is primarily the spoken word. The whole course is, in fact, built up from the *spoken word — the spoken thought* — the fundamental method of communication. Actual recordings of conversations between Germans were made, on a variety of subjects, from which extracts have been taken. Obviously a selection had to be made for teaching purposes. In order to preserve the original quality of the recording, the only editing has been (*a*) to insert a title and other details as necessary at the beginning of each extract for identification purposes, and (*b*) to select, but not to amend. Above all, there has been no attempt to 'correct' or to 'improve' the spoken word. Even the apparent slips of the tongue due to a change of thought direction have been left in the recording, in order to maintain the spontaneity.

It is hoped that the spoken extracts will also create the situations, in which the exercises are live and meaningful. The spoken word is gradually phased into the written word, which permits communication over distance and over time. The main points of German word and sentence-structure are covered systematically. It is perhaps more important that the student should apply newly acquired skills to other topics and in other situations, and the student should therefore make a conscious effort to continue any newly acquired structures.

The opportunity to use the newly acquired skills is provided in the later questions, under the heading *Meinungen*, where an attempt has been made to provide additional material for a small course in Liberal Studies. This is in the German language, and on the German people, customs, institutions, and culture. Questions in this section involve opinion, judgement, and the processing of abstract thought; these questions are clearly aimed at the more mature student and the adult.

The speech extracts, covering the whole of the Bundesrepublik, are considered typical of the speech regions; they should enable the student to become familiar with the main regional speech differences. The recordings are of adult speakers of all age groups. Six of the speakers are women. There are also both male and female speakers for the exercises recorded on tape.

The pictures are intended not only to illustrate the background to the extracts, but also to serve as material for description or discussion.

It is assumed that the student at this level will have modern works of reference on German grammar and syntax easily available, and will use them with this Student's Book.

CONTENTS

ACKNOWLEDGMENTS

Most of the recordings are selections from the tapes readily made available by the Director of the *Deutsches Spracharchiv* in Münster, Westfalen, Professor Dr. Dr. Eberhard Zwirner, in whom the copyright is vested. My thanks are due not only to Professor Zwirner for his encouragement, but also to Herrn Wolfgang Bethge, of the Spracharchiv and co-editor of the International Journal, *Phonetica*, who has been so helpful in suggesting improvements and amendments to the questions and exercises in German, and in giving advice on the sound and rhythm of the spoken language. My thanks are also due to Alfred Nodes, Ernst Schweim, and Martin Weidner, for permission to use recorded extracts from private conversations, and to Brigitte Gottschalk, who has put forward a number of helpful ideas and suggestions. The anonymity of the original speakers has been preserved, since they were called upon to speak spontaneously on a variety of topics.

My thanks also go to helpful colleagues at Ipswich Civic College, and to the many students who have taught me so much. There it has been possible over several years to get to know the great possibilities and also the limitations of the language laboratory.

Members of the staff of the Oxford University Press have made a number of helpful suggestions on methodology and presentation, production of tapes, and illustrations.

Lastly I wish to thank my wife not only for helping with the German, but for all the countless hours spent in typing manuscripts both in English and German. For the material, however, I take full responsibility.

The publishers would like to thank the following for permission to reproduce photographs: Camera Press, page 134 (right), 141; Central Office of Information, 53; German Embassy, 2, 5 (right), 19, 22 (right), 38 (left), 41, 46, 61, 63, 67, 77, 78, 87, 93, 96, 103, 126, 127, 143, 154, 157, 163, 171; Grundig Ltd., 175; Hans Hartz, 38 (right); Hessische Minister des Innern, 144; Imperial War Museum, 51; Jos. Kessell, 180; Landesbildstelle Schleswig-Holstein, 102, 107; Lichtbildwerkstätte Gruhne Giessen, 130, 131; Rudolf Lindemann, 117; News of the World Ltd., 48; Niedersächsisches Landesverwaltungsamt Landesbildstelle, 15, 22 (left); Gerhard Scharnbeck, 26; Städtisches Kultur- und Verkehrsamt Villingen, 70; A. Tanner, 32; Universitätsstadt Giessen, 134 (left); Verein de Bockwindmuel, 123 (left); Volkskundliche Kommission Münster, 123 (right).

INTRODUCTION

How to Use the Course

1. Listen to the recorded extract on the tape, in order to establish the general theme of the conversation, and to establish aural contact with the speaker(s).

2. Read the summary (*Zusammenfassung*) in the Student's Book, as this summary also gives you the briefest biographical details which will provide an indication of the particular regional speech, or the way in which the Hochsprache may be tinged.

3. The next section consists of questions (*Frage und Antwort*), which relate directly to the recording, and they should not be treated as general or open questions. Students with considerable linguistic experience and ability may well be able to read the questions, and answer them spontaneously. The students of less experience would do well to hear the extract once or twice again, and even prepare written answers. The printed questions are graded, and the more difficult ones require some thought or a full answer.

4. Listen now to the questions on the tape (*Fragen auf Tonband*) and answer them. The questions are relatively simple, and are also based on the recording. They are similar to those given in the book, but they are to test oral ability. Speed and fluency are the qualities mainly required, as only sufficient time is allowed on the tape for fluent answers. Suggested answers are not recorded on the tape, as these form part of the extract anyway.

5. The oral exercises (*Sprachübungen*) are divided into two groups in each *Stück*. They are:

(a) *mechanische Sprachübungen* (*Nr. 1–5*), *und*
(b) *freie Sprachübungen* (*Nr. 6–10*).

All of the exercises, which involve substitution drills (Nr. 1–5), and oral activity exercises (Nr. 6–10), are recorded on tape, where the necessary instructions are also given.

The first five *Aufgaben* are simple substitution drills in which for the most part larger units of speech — phrases and clauses — are used. The student is learning by pattern and analogy. These are three-phase drills as the exercises are not of great linguistic complexity. The three-phase drill is:

Speaker	Stimulus		Expected Response
Student		Response	

The first five *Aufgaben* of each *Stück* are called *mechanische Sprachübungen*, because the student is only called upon to carry out a *mechanical substitution*, and no other pattern is used. The remaining *Aufgaben* in each *Stück* are free-ranging, and the drills are varied. In order to distinguish the two groups, the latter are called *freie Sprachübungen*. (When once the instructions are mastered some of the exercises may well seem somewhat mechanical, but the above reasons for distinguishing the two groups should be borne in mind.)

The exercises (Nr. 6–10) in each *Stück* are general and varied. Since there is this variety, each exercise is preceded by brief instructions, in order to make each self-contained and self-explanatory when used for revision, or without the book. The student is working mainly by quick analysis and analogy. These *Aufgaben* are four-phase, in order to ensure full student participation. The four-phase drill is:

Speaker	Stimulus		Expected Response	
Student		Response		Repetition of Expected Response

In the occasional exercise the Expected Response is that which seemed to the writer to be the most suitable.

By careful planning, all the most important types of sentence structures have been covered in the *Sprachübungen* and *Übungen in der Deutschen Sprache* in the 15 *Stücke*. Longer sentences have often been used, to practise the powers of aural memory.

6. In order to distinguish the exercises recorded on tape, and those printed for oral or written work in this book, the former have been called *Aufgaben* and the latter *Übungen*.

There is a progression generally in the *Übungen in der Deutschen Sprache* in each *Stück* from exercises on words to those on phrases, clauses, sentences, and paragraphs. A student would be unwise to rush at the apparently simple exercises, as difficult or debatable points are introduced. The more advanced student should consult the latest editions of that admirable work of reference *Der Große Duden* published by the *Bibliographisches Institut Mannheim, Dudenverlag* concerning these points. Particular reference should be made to:

Band *1*	*Rechtschreibung*	*Neueste Auflage*
Band *4*	*Grammatik der Gegenwartssprache*	*Neueste Auflage*
Band *9*	*Hauptschwierigkeiten der deutschen Sprache*	*Neueste Auflage*

The specialists and editors who compiled these editions have brought a fresh approach to their study of the German language, and have given opinions, judgements and alternatives without being too dogmatic. The works are of particular help in distinguishing German which is acceptable in speech and common usage, and that on which grammarians like to insist in the written language. The present writer has taken these works as *maßgebend*.

7. The purpose of asking the questions in the section called *Meinungen* is quite clearly to provoke thought, and to lead to the expression of opinion. The questions take up the thoughts of the original speaker, and seek to widen the issues. There has been no attempt to slant the questions, nor any to avoid the possibility of the slanted answer.

It is suggested that the student might be wise to:

(*a*) collect the facts and data,
(*b*) make notes if necessary,
(*c*) prepare an outline of the main points, and
(*d*) present the case.

The questions can sometimes be answered briefly, orally, and perhaps superficially, but group discussion and long written answers are certainly possible on most questions.

They are obviously not all of equal depth, intensity, or factual content. At the beginning are questions which relate more clearly to the words of the speaker(s), and then subjects arising from them are treated. Clearly a student will not be equally interested in all the questions, and a selection should be made.

It is outside the scope of such a course to provide 'answers' to the questions, but a Bibliography is provided, which is designed to help the student find the material.

8. Short extracts from the original recordings have been recommended for transcription; these are usually of linguistic interest, and likely to require accurate listening. It is suggested that orthographic transcription be used, although phonetic transcription using the alphabet of the I.P.A. (International Phonetic Association), and phonological

transcription are for the more expert. Orthographic transcriptions are often badly done, giving only a rough idea of what was said. It is suggested that students attempt a delicate transcription, as by so doing they will learn much about speech and language, and also touch on the science of linguistics. For this reason extracts are short.

A transcription differs from a dictation in that it is made from spontaneous and natural speech into the written word, whereas dictation is the written word, read aloud, and taken back to the written word.

The following hints on transcription may be helpful:

(a) The identification of the speaker should be systematically indicated, even though the actual name is not known. This is especially necessary in the case of a dialogue. A new paragraph is required for each change of speaker.

(b) The beginning and the end of each section of the communication require careful listening and accurate transcription, especially if interjections, false starts, or hesitations occur.

(c) Words half spoken, interruptions, repetitions, and changes in thought direction require especial attention. There is not a great variety of methods to indicate these orthographically, but the spacing of words, dashes, and a series of dots are likely to be the most useful devices. Any method must, of course, be used systematically.

(d) The endings of words are sometimes clipped in speech. These may be written thus: *Er machte ein(en) Sprung.*

(e) It is sometimes helpful to work in coloured inks.

(f) At first, 8–10 words at a time may be enough to carry in the memory during the first transcription, which should be written as rapidly as possible. This is, however, only the beginning, for good transcription requires clinical and surgical precision. There is no difficulty in establishing the main gist of the spoken words. The human voice is, however, capable of giving tone, pitch, speed, vibrancy, volume, and other qualities to words, and interpretation is not always easy. There is also the problem of conveying orthographically the pause for the unspoken word, or the half-voiced thought.

(g) The act of transcribing is an uneven process, and a little-practised art, as it is only technically possible with a tape-recorder or in the language laboratory.

(h) When you feel that a transcription is completed to your satisfaction, leave it for a day or two, and check again. Then hand it to a German-speaking friend or linguist. If this test is passed, then there is a hope that the transcription is both delicate and accurate.

9. A bibliography has been added at the end of each *Stück*, of some books for further reading in German (and a few in English). Generally

the policy has been to select books which are reasonably priced, and easily obtainable on order in this country. This is the reason for the selection of so many of the paperback editions. The policy has also been to select books of general interest on the subject, rather than works for the specialist. Most of the books, however, have their own bibliographies so that the specialist may pursue his interests in depth, and be led on to authoritative sources.

10. The fifteen extracts are recordings from all the main speech regions of the Bundesrepublik: Norddeutschland, Hamburg/Hannover, Westfalen, Rheinland, Franken, Schwarzwald, Bayern, u.a. Further study is possible on regional speech differences.

Summary

1. Listen to the recorded extract on the tape.
2. Read the summary with biographical details in the book.
3. Study the printed questions, and after hearing the recorded extract again, answer them.
4. Answer the recorded questions orally.
5. Do the oral exercises (*Aufgaben*).
6. Do the exercises (*Übungen*) orally or in writing.
7. Study and answer selected questions in the section *Meinungen*.
8. Do the transcriptions.

Bundesrepublik

1. WOHNUNGSPROBLEME

Zusammenfassung

Ein im Ruhestand lebender Schiffsbauingenieur aus Kiel spricht über Wohnungsprobleme. Er selbst lebt in einer Wohnung, die infolge des Zweiten Weltkrieges reparaturbedürftig ist. Die Suche nach einer Wohnung ist ein großes Problem, hauptsächlich für die jüngere Generation. Vor allem ist es eine Geldfrage. Der Sprecher beschreibt, wie eine Bausparkasse arbeitet, und spricht über die Preise für Bauplätze und die Kosten des Bauens. Er beschreibt eine Zweizimmerwohnung, wie junge Ehepaare sie meistens beziehen.

Frage und Antwort

Aufnahme 1

Bitte lesen Sie zunächst die Fragen durch, so daß Sie deren Bedeutung genau kennen. Hören Sie die Tonbandaufnahme 2–3 mal an, und beantworten Sie die Fragen entweder schriftlich oder mündlich.

1. Welche zwei Maßnahmen (nach dem Urteil des Sprechers) sind in Deutschland unternommen worden, um die Wohnungsnot zu beseitigen?
2. Wie wurden die reparaturbedürftigen Wohnungen wieder bewohnbar gemacht?
3. Was ist eine Bausparkasse?
4. Wie hilft die Regierung den Leuten bei dem Sparen?
5. Unter welchen finanziellen Voraussetzungen beginnt die Bausparkasse, ein Haus bauen zu lassen?
6. Wie, zum Beispiel, wird das Haus bezahlt?
7. Wie setzen sich die Kosten eines Neubaues zusammen?
8. Beschreiben Sie eine Zweizimmerwohnung.
9. Wie sind die Schlafgelegenheiten in einer solchen Wohnung?
10. Wie sind die Kochgelegenheiten in solcher Wohnung?

Ein- und Mehrfamilienhäuser, Nürnberg   Sparkasse und Neubauten, Düsseldorf

Fragen auf Tonband

Bitte beantworten Sie jetzt die Fragen, die Sie auf dem Tonband hören werden.

Sprachübung

Die Sprachübungen in diesem Stück und in den folgenden Stücken vollziehen sich entweder in drei oder in vier Phasen. Die Aufgaben sind auf Tonband aufgenommen. In den meisten Fällen sind einfache Aufgaben in drei Phasen auf dem Tonband aufgenommen, längere oder komplizierte Aufgaben jedoch in vier Phasen.

Die zu ersetzenden Wörter stehen in Kursivdruck.

Es gibt: (*a*) mechanische Sprachübungen (1–5) und
(*b*) freie Sprachübungen.

Der Zweck einer mechanischen Sprachübung ist, die Wortstellung und die Satzstellung bewußt zu machen. Die Antworten ergeben sich durch eine automatische Ersetzung. Dagegen muß der Student bei der freien Sprachübung mit Analogie, Zusammensetzung oder Einbildungskraft vorgehen.

Aufgabe 1 (*Drei Phasen*) Wörter

	1. Phase	2. Phase	3. Phase
Sprecher	1 (Mustersatz und) Leitwort		3 Erwartete Antwort
Student		2 Antwort	

Mustersatz: Das ist alles *schon* gemacht.
Leitwörter: 1. schon 2. längst 3. inzwischen
4. vor einiger Zeit 5. vor kurzer Zeit

Zum Beispiel:
In dieser Aufgabe werden Stimulus und Antwort so gesprochen:
Sprecher: Das ist alles *schon* gemacht. Schon . . .
Student: Das ist alles schon gemacht.
Sprecher: Das ist alles schon gemacht. Längst . . .
Student: Das ist alles längst gemacht.
Sprecher: Das ist alles längst gemacht. Inzwischen . . . und so weiter.

Aufgabe 2 (*Drei Phasen*) Wörter
Mustersatz: *Das Haus* muß bezahlt werden.
Leitwörter: 1. Das Haus 2. Die Wohnung 3. Der Bauplatz 4.
Ein Neubau 5. Ein Grundstück

Aufgabe 3 (*Drei Phasen*) Modalverben
Mustersatz: Die jungen Leute haben viel Geld *sparen müssen.*
Leitwörter: 1. sparen müssen 2. sparen können 3. ausgeben müssen 4. zurücklegen können 5. zurücklegen müssen

Aufgabe 4 (*Drei Phasen*) Relativsätze
Mustersatz: Die Wohnungen sind für solche Ehepaare,
die ihr Eheleben gerade angefangen haben.
Leitsätze: 1. die ihr Eheleben gerade angefangen haben.
2. die genügend Geld gespart haben.
3. die die Miete bezahlen können.
4. die einen gewissen Prozentsatz bezahlt haben.
5. die vom Staat unterstützt werden sollen.

Aufgabe 5 (*Drei Phasen*) Relativsätze
Mustersatz: Die Häuser, *die leicht wiederherzustellen waren,*
sind schon wieder aufgebaut.
Leitsätze: 1. die leicht wiederherzustellen waren.
2. die in Trümmern lagen.
3. die reparaturbedürftig waren.

4. die leicht beschädigt waren.
5. die notwendig gebraucht wurden.

Aufgabe 6 (*Vier Phasen*)   Der Plural

	1. Phase	2. Phase	3. Phase	4. Phase
Sprecher	1 (Mustersatz und) Leitwort		3 Erwartete Antwort	
Student		2 Antwort		4 Wiederholung der erwarteten Antwort

Auf die Frage, ob es *ein* Ding gibt, antworten Sie bitte:
'Nein. Es gibt *zwei* Dinge'. Zum Beispiel:
Sprecher: Gibt es nur *ein Haus* auf diesem Grundstück?
Student: *Nein. Es gibt zwei Häuser auf diesem Grundstück.*

Die Sätze sind:
1. Gibt es nur einen Bauplatz neben dem Hotel?
2. Gibt es nur ein Grundstück zu kaufen?
3. Gibt es nur eine Bausparkasse in der Stadt?
4. Gibt es nur einen Bücherschrank in der Wohnung?
5. Gibt es nur ein Bett in dem Zimmer?

Aufgabe 7 (*Vier Phasen*)   Das Perfekt
Setzen Sie bitte die Verben vom Präsens in das Perfekt um.
Zum Beispiel:
Sie bauen ein Hochhaus. *Sie haben ein Hochhaus gebaut.*
Die Sätze sind:
1. Die Firma baut zehn Wohnblocks.
2. Sechzehn Kleinfirmen helfen bei dieser Arbeit.
3. Die Firmen stellen sich auf neue Produktionsmethoden um.
4. Sie bringen das nötige Geld auf.
5. Sie ziehen die Konsequenzen aus neuen Konstruktionsmethoden.

Aufgabe 8 (*Vier Phasen*)   Modalverben
Bejahen Sie bitte die Fragen.
Zum Beispiel:
Sprecher: Haben Sie es tun wollen?
Student: *Ja. Ich habe es tun wollen.*
Die Sätze sind:
1. Haben Sie ein neues Haus kaufen wollen?

2. Haben Sie das nötige Geld sparen können?
3. Haben Sie das Geld erschwingen können?
4. Haben Sie eine gewisse Summe bezahlen müssen?
5. Haben Sie das Haus bauen lassen können?

Aufgabe 9 (*Vier Phasen*)   Relativsätze

Setzen Sie bitte zwei Hauptsätze zusammen, so daß Haupt- und Relativsatz entstehen.

Zum Beispiel:

Sprecher: Die Wohnung liegt in einem Vorort.
           Die Wohnung ist groß.

Student: *Die Wohnung, die groß ist, liegt in einem Vorort.*

Die fünf Satzpaare sind:

1. Das Haus gehört der Bausparkasse.
    Das Haus ist im Bau.
2. Der Bauplatz ist klein.
    Ich habe den Bauplatz gesehen.
3. Das Grundstück kostet 20.000 DM.
    Er kauft das Grundstück.
4. Die Kosten werden in Teilzahlungen aufgebracht.
    Er trägt die Kosten.
5. Der Mann hat eine Zweizimmerwohnung.
    Ich kenne den Mann.

Reparaturbedürftige Wohnungen

Ländliches Wohnhaus in Ebersteinberg über Baden-Baden

Aufgabe 10 (*Vier Phasen*) derselbe

Welche Form ist richtig? Derselbe? Dieselbe? Oder ...? Ersetzen Sie bitte die Namen.

Zum Beispiel:

Sprecher: Ich kenne *Herrn Schulz* (Mann)

Student: Ich kenne *denselben* Mann

Es betreffen: 1. Frau Schulz (Dame)
  2. Fräulein Schulz (Mädchen)
  3. Herrn Schumann (Mann)
  4. Familie Brüggemann (Leute)
  5. Herrn und Frau Vogelsang (Ehepaar)

Übung
in der Deutschen Sprache

Diese Übungen und die Übungen in allen Stücken können entweder gesprochen oder geschrieben werden.

Übung 1 Adjektiv: viel

Wie ist die Deklination des folgenden Adjektivs oder Nomens nach dem Wort *viel* beziehungsweise *viel—*? Bitte ergänzen Sie die betreffenden Wörter.

1. In Berlin gibt es viele hoh— Wohnhäuser.
2. Er baut sein eigenes Haus mit vielen gut— Hilfskräften.
3. Viele neu— Wohnblocks werden jetzt gebaut.
4. Er bezahlt mit viel gespart— Geld.
5. Viele tüchtig— Angestellt— arbeiten im Wohnungsamt.
6. Viele unverheiratet— Beamt— haben ihre eigene Wohnung.
7. Er hat viel— Gut— in sich.
8. Mit vielen gut— Vorsätzen begann er zu sparen.

Übung 2 Adverbien: ja, doch, aber

Bitte setzen Sie das Wort *ja* in die folgenden Sätze:

1. Es wird sehr viel gebaut.
2. Es reicht immer noch nicht.
3. Das weiß ich nicht.
4. Die Wohnung ist nicht groß.
5. Der Bauplatz kommt dazu.

Setzen Sie jetzt die Wörter *doch* und *aber* in die obigen Sätze.

Nach welchem Prinzip richtet sich die Stellung dieser drei Wörter im Satz?

Übung 3   Präpositionalobjekt im Akkusativ

Bilden Sie Sätze mit:

1. (etwas) für die Wohnung
2. ohne die Baukosten
3. durch eine Bausparkasse
4. gegen den Rat ihres Mannes
5. um das Haus
6. um das übrige Geld
7. für sich
8. um sich
9. durch die Wohnungsnot
10. für junge Ehepaare
11. durch die Abzahlungen
12. für die Kinder.

Übung 4   Relativpronomen

Bitte ergänzen Sie die Sätze durch die betreffenden Relativpronomen
(der, die, das, usw.):

1. Der Bauplatz, — sie gesehen haben, liegt zu dicht an der Hauptstraße.
2. Die Kosten, — dazu kommen, sind für die Einrichtungen.
3. Die jungen Ehepaare, — Wohnung zu klein ist, müssen erst das notwendige Geld sparen.
4. In einer Zweizimmerwohnung gibt es oft eine Kochnische, — sehr klein ist.
5. In einer Dreizimmerwohnung kann man eine Küche haben, — modern eingerichtet ist.
6. Der Gasherd, — man in jeder Wohnung sieht, ist fest installiert.
7. Das Wasser, — verbraucht wird, wird mit einem Zähler gemessen.
8. Die Elektrizität und das Gas, — man verbraucht, werden auch durch Zähler gemessen.
9. Die Bausparkasse, mit — Hilfe das Haus gebaut wird, schreibt die Bedingungen vor.
10. Die jungen Leute, mit — Sie sprachen, sind jung verheiratet.

Übung 5   Relativsätze

Aus den zwei Sätzen machen Sie einen Hauptsatz und einen Relativsatz:

1. Die Wohnung ist neu.
   Er kauft die Wohnung durch eine Bausparkasse.
2. Die Wohnung hat Fernheizung.
   Die Fernheizung wird von der Stadt geliefert.
3. Die Hausfrau kocht elektrisch.
   Wir sprachen mit ihr.

4. Sie hat eine Waschmaschine gekauft.
   Die Waschmaschine ist ein neues Modell.
5. Die Familie nebenan hat viele elektrische Geräte.
   Sie kaufen sie durch das Abzahlungssystem.
6. Ein junges Ehepaar wohnt nebenan.
   Wir sprachen neulich mit ihnen.
7. Die junge Frau wohnt gegenüber.
   Der Mann ist Architekt.
8. Junge Ehepaare kaufen Schlafcouchen.
   Die Schlafcouchen verwandeln sie in Betten.

Übung 6   Anreihende Sätze

Sätze, die gleichwertige Gedanken enthalten, werden durch anreihende
Konjunktionen verbunden. Zum Beispiel:

   Er spart Geld *und* kauft das Haus.

Die folgenden Sätze sind zu vervollständigen. (Vorschläge für 1–10
sind in Klammern gegeben):

1. Er hat die ersten Möbelstücke gekauft, *ferner* . . . (Waschmaschine
   anzahlen).
2. Sie haben *erst* die Möbel für das Wohnzimmer gekauft, *dann* . . .
   (Möbel für das Schlafzimmer anschaffen).
3. Er arbeitet bei einer Baufirma; *außerdem* . . . (Abendkurse
   besuchen).
4. Er arbeitet bei einer Firma, *zudem* . . . (seinen Garten bewirt-
   schaften).
5. Er ist *sowohl* ein tüchtiger Handwerker, *als auch* . . . (Geschäfts-
   mann).
6. Er ist *sowohl* . . . *als auch* . . . (begabt . . . fleißig).
7. Sie ist *sowohl* . . . *als auch* . . . (gute Mutter . . . tüchtige Hausfrau).
8. *Weder* sind alte Möbel in einer Neubauwohnung passend, *noch* . . .
   (neue Möbel in einem historischen Schloß).
9. Sie haben *weder* eine eigene Wohnung *noch* . . . (das nötige Geld
   eine zu bekommen).
10. *Teils* werden Wohnhäuser von der Stadt gebaut, *teils* . . . (von
    Privatunternehmern).
11. Neubauten werden *nicht nur* von der Stadtverwaltung zur Ver-
    fügung gestellt, *sondern auch* . . .
12. *Erstens* hat eine Großfirma die Gelegenheit, große Mengen zu
    kaufen, *zweitens* . . .
13. Eine Kleinfirma hat aber *nicht nur* die persönliche Note, *sondern
    auch* . . .
14. Die neuen Häuser haben *nicht nur* . . . *sondern auch* . . .
15. Die Wohnungen haben *sowohl* Fernheizung *wie* . . .

16. Die Wohnungen haben Zentralheizung; *weiter* ...
17. Man muß 10.000 DM sparen, *dann* ...
18. Moderne Kochgeräte sind *zwar* ... *aber* ...

Übung 7 Modalverben

Bitte machen Sie einen Hauptsatz aus zwei Sätzen.

Zum Beispiel:

Die jungen Leute sparten Geld.
Sie mußten viel Geld sparen.

Die jungen Leute haben viel Geld sparen müssen.

Versuchen Sie stets ein Modalverb (können, sollen, dürfen, mögen, wollen oder müssen) an das Ende zu setzen. Das Verb soll im Perfekt stehen.

1. Die jungen Leute sparten Geld.
   Sie konnten viel Geld sparen.
2. Sie legten Geld zurück.
   Sie konnten Geld zurücklegen.
3. Sie kauften die neuen Möbel.
   Sie konnten sie kaufen.
4. Sie bestellten die Kochgeräte.
   Sie mußten sie bestellen.
5. Sie nahmen die Wohnung in Besitz.
   Sie durften sie in Besitz nehmen.

Übung 8 Modalverben

Setzen Sie die Modalverben ins Perfekt um:

1. Die Kunden müssen erst den Bauplatz kaufen.
2. Sie wollen sich das Grundstück ansehen.
3. Sie wollen ihr eigenes Häuschen besitzen.
4. Sie können einen Bauplan aussuchen.
5. Sie müssen drei Monate im voraus den Bauplan aussuchen.
6. In den meisten Fällen müssen sie das Haus durch eine Bausparkasse kaufen.
7. Sie dürfen im voraus bei der Sparkasse sparen.
8. Sie müssen einen bestimmten Prozentsatz zur Bausparkasse hinbringen.
9. Sie können das übrige Geld in Raten abbezahlen.
10. Sie können das Haus gleich bezahlen.
11. Die jungen Leute lassen sich ein Haus bauen.
12. Die jungen Leute lassen sich die Wohnung von den Eltern einrichten.

Übung 9   Zusammenfassung

Fassen Sie bitte diesen Zeitungsartikel in nicht mehr als 80 Wörter zusammen.

Sparen, Planen, Bauen und Wohnen

'Es ist schon ein erhebendes Gefühl, Bauherr eines nach eigenen Raum- und Planungswünschen gebauten Eigenheimes zu sein. Vom Keller bis zum Boden und vom Eingangstor bis zur Terrasse und noch weiter hat man "sein" Haus mitgeplant und durchdacht, und auch die Wünsche der Familienmitglieder konnten weitgehend berücksichtigt werden. Wird das alles aber auch so genehmigt? Dazu weiß der Architekt schon bei der Vorplanung einiges zu sagen, denn allein schon die Wahl des Bauplatzes bedeutet unter Umständen bereits die Festlegung der Bauweise.

. . .

Dabei wird im allgemeinen das einzelne Bauwerk nicht mehr für sich gesehen, sondern als Bestandteil des jeweiligen Bebauungsgebietes, so daß schon eine gewisse Abstimmung mit den übrigen Baumaßnahmen einer solchen "Wohnlandschaft" herbeigeführt werden muß. Der Erwerber eines Bauplatzes ist also gut beraten, wenn er sich vor Abschluß des Grundstückskaufvertrages bei der für die Baugenehmigung zuständigen Verwaltungsstelle — Stadt — oder Kreisbauamt — über die Zulässigkeit seines Vorhabens unterrichtet.

Nehmen wir aber ruhig an, daß "unser" Plan genehmigt wird, dann gilt es, das Kostenrisiko für den Bauherrn durch genaue Vorberechnung der Kosten so niedrig wie möglich zu halten und nachfolgende Baukostenüberschreitungen möglichst zu vermeiden. Das setzt wiederum eine sehr genaue Planung voraus, so daß alle Kosten erfaßt werden können. Die Erfahrung zeigt, daß dieses keineswegs unmöglich und der damit verbundenen Mühe wert ist. Alles soll eben nur vollständig durchdacht sein, denn Sonderwünsche während der Bauzeit bedeuten im allgemeinen Mehrkosten.'

Aus der *Volkszeitung. Kiel/Schleswig-Holstein*

Übung 10   Beschreibung

Massivhaus aus der Fabrik

'Fertighäuser vom Fließband, die man in kurzer Zeit auf der Baustelle montieren kann, sind nichts Neues. Im Zeitalter der modernen Technik setzen sich Fertigbauweisen immer mehr durch. Sehr interessant ist, daß man bei uns in Deutschland in den letzten Jahren den folgenden Weg beschritten hat: Das vorgefertigte massive Haus aus der Fabrik.

Die Teile für das Haus werden in einem rationellen Verfahren pro-
duziert. Dabei gibt es ein ganzes Programm mit mehreren Haustypen.'
Aus der *Volkszeitung. Kiel/Schleswig-Holstein*
Beschreiben Sie ein Haus, das Sie haben möchten.

Übung 11   Beschreibung
            Wie man wohnt, so lebt man.
'Vor der endgültigen Wahl aller Heimdekorationen ist es ratsam, sich
ein wenig mit dem Raum zu beschäftigen, den sie einmal schmücken
sollen. Nur wenige Familien können sich nach eigenen Vorstellungen
und Wünschen ein Haus bauen lassen. Die Mehrzahl muß sich mit
Mietwohnungen zurechtfinden.'
Aus der *Volkszeitung. Kiel/Schleswig-Holstein*
Stellen Sie sich bitte vor, daß Sie in einer Mietwohnung sind, und daß
Sie ein Wohnzimmer und ein Schlafzimmer ausgestalten müssen. Wie
würden Sie die zwei Zimmer ausgestalten?

Meinungen

Die folgenden Fragen entstehen aus den Meinungen des Sprechers der
Tonbandaufnahme. Er hat aber die Themen: Wohnungsprobleme und
Baukosten nur kurz in ungefähr 5 Minuten zusammenfassen können.
Die Fragen sollen diese Themen erweitern.

Wie kann man die Antworten am besten erarbeiten? Es ist ratsam,
daß der Student das Material vorbereitet: Zeitungsartikel, Bücher und
sonstiges Lesematerial aussucht, daß er sich Notizen aufschreibt und
seine eigenen Ideen ordnet. Auf Seite 13 gibt es eine Bibliographie. Nur
nach dieser Vorbereitung wird er wahrscheinlich in der Lage sein,
ausführliche Antworten zu geben.

Die Meinungen des Studenten könnten:
        (*a*) vor einer Gruppe gesprochen,
oder (*b*) zur Debatte gestellt,
oder (*c*) auf ein Tonband aufgenommen,
oder (*d*) als ein Aufsatz geschrieben werden.

1. Was für Vor- und Nachteile hat ein Eigenheim?
2. Was sind die Nachteile einer Altbauwohnung?
3. Was sind die Vor- und Nachteile einer Neubauwohnung?
4. Möchten Sie lieber in einem Vorort einer Großstadt oder im
   Zentrum der Stadt wohnen?
   Aus welchen Gründen?

5. Was ziehen Sie vor, das Kochen auf einem Gasherd oder auf einem elektrischen Herd?

6. Welche Heizungsmöglichkeiten würden Sie wählen? Warum?

7. Was ist Fernheizung? Wie wird sie in die einzelnen Wohnungen geleitet?

8. Was sind die Vor- und Nachteile einer Kochnische im Gegensatz zu einer geräumigen Küche?

9. Was sind die Vorteile eingebauter Schränke (a) in der Küche und (b) im Schlafzimmer?

10. Wie viele Steckdosen würden Sie (a) in der Küche, (b) in dem Wohnzimmer, und (c) in der Garage eines neuen Hauses einbauen lassen? Für welche Zwecke würden Sie die einzelnen Steckdosen benutzen?

11. Beschreiben Sie die Beleuchtung, die Sie im Schlafzimmer und in der Küche einer Wohnung haben möchten?

12. Wie würden Sie ein Wohnzimmer und ein Schlafzimmer ausgestalten?

13. Wie würde man ein Kinderzimmer einrichten?

14. Wie würden Sie ein Wohnzimmer einrichten?

15. Was sind die Vor- und Nachteile einer Wohnung (a) im Erdgeschoß, (b) im zwölften Stockwerk eines neuen Wohnblocks?

16. Wie viele Neubauten sind jährlich seit 1948 in der Bundesrepublik gebaut worden? Machen Sie eine graphische Darstellung.

17. Wie viele Einfamilienhäuser sind gebaut worden? Wieviel Prozent derselben erhielten eine staatliche finanzielle Unterstützung?

18. Welchem Ministerium der Bundesrepublik unterstehen die Wohnungsprobleme?

19. Was ist ein Wohnungsamt?

20. Beschreiben Sie:
    (1) Soziale Wohnungsprojekte mit staatlicher oder gemeindlicher Unterstützung,
    (2) Wohnungsprojekte durch Steuerermäßigung,
    (3) Wohnungsprojekte mit privater Finanzierung.

21. Wie hat die Regierung der Bundesrepublik das Bauprogramm seit 1950 finanziert?

22. Beschreiben Sie eine neue Stadt wie Wolfsburg.

23. Sollten sich Großstädte ausdehnen, oder sollten neue Städte erbaut werden?

24. Was halten Sie von den neuen Baustilen?

25. Kann ein Dorf seinen eigenen Charakter erhalten?

Transkription

Bitte transkribieren Sie von der originalen Tonbandaufnahme die Stücke:

1. Von   'Die reparaturbedürftigen Wohnungen' ...
   bis ... 'das ist alles längst gemacht'.

2. Von   'Wir haben hier Bausparkassen' ...
   bis ... 'Summe Geld sparen.'

3. Von   'So war es noch vor einiger Zeit' ...
   bis ... 'ich weiß nicht mehr genau.'

Bibliographie

Prof. Alfons Silbermann: *Vom Wohnen der Deutschen.* Ein 'Buch des Wissens' von einem Soziologen, Fischer Bücherei, Nr. 730, April, 1966.

Er berichtet über Wohnsitz, Wohnkultur, Wohnverhalten, über Geschmack, Mode, Farbe und Einrichtung.

S. Fischer-Fabian: *Hurra, wir bauen uns ein Haus*, Heyne Taschenbuch, Nr. 33.

Statistisches Jahrbuch für die Bundesrepublik Deutschland, erscheint jährlich, Hrsg. Statistisches Bundesamt, Wiesbaden. Verlag Kohlhammer: Stuttgart, Mainz.

Germany Reports (and other government publications), published by the Press and Information Office of the Federal Government. Distribution: Franz Steiner Verlag, Wiesbaden.

Das Buch enthält wertvolle statistische Auskünfte.

In fast jeder Zeitung sind Reklamen und Anzeigen und auch Zeitungsartikel über Wohnungsangelegenheiten. Die Artikel aus der *Kieler Volkszeitung* in diesem Stück sind Beispiele.

2. AM RANDE EINER GROSSSTADT

Zusammenfassung

Eine Hausfrau, geboren 1924, wohnt am Rande einer Großstadt.
Wettbergen war früher ein Dorf. Heute gehört die eine Straßenseite des
Dorfes zu Wettbergen, die andere Straßenseite ist einem Vorort
Hannovers angegliedert.

Sie erzählt wie teuer das Bauland geworden ist, und wie die Häuser
aus der Erde schießen. Sogar die Industrie hat sich angesiedelt. Der
dörfliche Charakter fällt weg. Ihr Vater war 50 Jahre als Hofmeister
tätig, aber der Hof ist inzwischen als Bauland verkauft worden.
Wettbergen hat sich durch den Zuzug von Flüchtlingen kaum verändert.

Die Hausfrau arbeitet als Urlaubsvertretung in einer großen Bau-
stoffgroßhandlung. Sie beschreibt ihre Tätigkeit und die Stoffe, die die
Firma verkauft.

Frage und Antwort

Aufnahme 2

Lesen Sie die Fragen durch, so daß Sie deren Bedeutung genau wissen.
Hören Sie die Tonbandaufnahme 2–3 mal an, und beantworten Sie die
Fragen entweder schriftlich oder mündlich.

1. Wo liegt Wettbergen?
2. Betrachtet die Sprecherin Wettbergen immer noch als ein Dorf?
3. Warum ist das Bauland Ihrer Meinung nach teurer geworden?
4. Hat Wettbergen einen dörflichen Charakter (nach der Meinung
   der Sprecherin)?
5. Wodurch hat sich Wettbergen sonst noch verändert?
6. Aus welchen Gründen spricht man nicht mehr viel von Flüchtlingen?
7. Aus welchem Gebiet sind die meisten Flüchtlinge gekommen?
8. Ist die Frau eine Einheimische?
9. Was ist aus dem genannten Hof geworden?

Bundesstraße 217 bei Wettbergen mit Blick auf Hannover

10. Was war für den kleinen Ort eine Sensation?
11. Welche Tätigkeit übt die Frau in ihrer Urlaubsvertretung aus?
12. Mit welchen Baustoffen handelt diese Firma?

Fragen auf Tonband

Beantworten Sie jetzt die Fragen, die Sie auf dem Tonband hören werden.

Sprachübung

Aufgabe 1 (*Drei Phasen*) Präpositionalobjekte: Akkusativ

Mustersatz: Man fährt *um die Großstadt.*

Leitwörter:
1. um die Großstadt,
2. um den Kreis,
3. den Schnellweg entlang,
4. die Haupstraße entlang,
5. ohne Unterbrechung,
6. ohne Pause,
7. bis'an den Hauptbahnhof,
8. bis an die zweite Ampel,
9. durch das Dorf,
10. ununterbrochen zwei Stunden lang.

Aufgabe 2 (*Drei Phasen*) derselbe

Mustersatz: Sie wohnen *in demselben Dorf.*

Leitwörter:
1. in demselben Dorf,
2. auf demselben Bauland,
3. in demselben Vorort,
4. auf derselben Straßenseite,
5. in derselben Straße.

Aufgabe 3 (*Drei Phasen*)   Daß-Sätze

Mustersatz: Man weiß, *daß Bauland teurer geworden ist.*

Leitwörter: 1. daß Bauland teurer geworden ist,
             2. daß sich eine Großstadt ausdehnt,
             3. daß sich neue Industrie ansiedelt,
             4. daß so viel gebaut worden ist,
             5. daß der dörfliche Charakter eines Vororts verschwindet,
             6. daß sich die Neubauten vermehren.

Aufgabe 4 (*Drei Phasen*)   Daß-Sätze

Mustersatz: Die Firma rühmt sich, *daß sie die besten Produkte liefert.*

Leitwörter: 1. daß sie die besten Produkte liefert,
             2. daß sie einen großen Umsatz hat,
             3. daß sie organisatorisch auf der Höhe ist,
             4. daß sie neue Methoden benutzt,
             5. daß sie die Kundschaft gut behandelt,
             6. daß sie die beste in der Bundesrepublik ist.

Aufgabe 5 (*Drei Phasen*)   Modalverben

Mustersatz: Was für eine Arbeit haben Sie *machen müssen?*

Leitwörter: 1. machen müssen?
             2. machen wollen?
             3. machen können?
             4. tun müssen?
             5. tun dürfen?
             6. tun wollen?

Aufgabe 6 (*Vier Phasen*)   Nominativ

Die Behauptungen sind positiv zu beantworten mit einer Wiederholung des Inhalts.

   Zum Beispiel:

Sprecher: Sie hat eine neue Stelle bekommen. Und er?

Student: Er hat auch eine neue Stelle bekommen.

   Die Sätze sind:

1. Sie arbeitet bei einer Großfirma. Und er?
2. Sie arbeitet bei einer Baufirma. Und ihre Schwester?
3. Sie wohnt in einem Vorort. Und ihr Bruder?
4. Sie wohnt nicht weit von Hannover. Und ihre Schwester?
5. Sie macht ihre Einkäufe meistens in Hannover. Und ihre Schwester?

Aufgabe 7 (*Vier Phasen*)   Das Perfekt

Setzen Sie die Verben vom Präsens in das Perfekt um:

  Die Sätze sind:

1. Man gewöhnt sich an neue Arbeitsmethoden.
2. Man baut überall in den Großstädten neue Wohnblocks.
3. Man befaßt sich mit dem Problem.
4. Man bereitet neue Baupläne vor.
5. Man führt neue Ideen ein.
6. Man denkt über neue Ideen nach.

Aufgabe 8 (*Vier Phasen*)   Was für ein ... ?

Stellen Sie die entsprechenden Fragen mit den Wörten '*Was für ...*' am Anfang.

  Zum Beispiel:

Sprecher: Es ist eine Fertigware.

Student: Was für eine Ware ist es?

  Die Sätze sind:

1. Es ist ein Zementprodukt.
2. Es ist eine Brotfabrik.
3. Es ist ein Betonprodukt.
4. Es ist ein Kieszement.
5. Es sind Fertigwände.

Aufgabe 9 (*Vier Phasen*)   Daß-Sätze

Wiederholen Sie die Behauptungen nach dem Hauptsatz: '*Es ist klar, daß ...*'.

Zum Beispiel:

Sprecher: Wettbergen ist fast ein Vorort Hannovers.

Student: Es ist klar, daß Wettbergen fast ein Vorort Hannovers ist.

  Die Behauptungen sind:

1. Das Bauland ist teuer geworden.
2. Die Tochter möchte in einem ganz einsamen Dorf wohnen.
3. Die Industrie hat sich angesiedelt.
4. Der dörfliche Charakter fällt weg.
5. Sie werden sich daran gewöhnen.
6. Man ist nicht mehr so abgeschieden.
7. Die Flüchtlinge haben sich schon angepaßt.
8. Sie gehören zur Dorfgemeinschaft.
9. Der Mann befaßt sich jetzt mit seinem Hobby.

Aufgabe 10 (*Vier Phasen*)   Relativsätze

Setzen Sie die zwei Hauptsätze zusammen, so daß Haupt- und Relativsatz entstehen.

Zum Beispiel:

Sprecher: Das Dorf wird aufgebaut.
        Sie wohnt in dem Dorf.

Student: Das Dorf, in dem sie wohnt, wird aufgebaut.

    Die Satzpaare sind:

1. Die Baustoffe werden wöchentlich geliefert.
   Die Baufirma arbeitet mit diesen Baustoffen.

2. Die Firma ist nicht weit.
   Sie arbeitet bei dieser Firma.

3. Die Frau arbeitet im Verkauf.
   Sie ist Urlaubsvertretung.

4. Die Kunden kamen aus allen Teilen der Bundesrepublik.
   Sie hatte mit den Kunden zu tun.

5. Die chemischen Baustoffe werden angeliefert.
   Aus den chemischen Baustoffen werden Fertigprodukte gemacht.

Übung
in der Deutschen Sprache

Übung 1   Genus — Sachen und Abstrakta

Ergänzen Sie diese Sätze und Satzteile durch die zutreffenden bestimmten Artikel:

1. D— Februar war kalt.
2. Es war d— erst— Mittwoch des Monats.
3. D— Tau folgte d— Hagel.
4. D— Kies, d— Sand, d— Granit und d—Lehm sind Baustoffe.
5. In diesem Wald findet man d— Birke, d— Lärche und d— Tanne,
   aber nicht d— Eiche.
6. Das Problem ist d— Wenn und Aber.
7. Welche Buslinie ist diese? D— Acht!
8. 10! Das ist d— Zehn!
9. D— Mark, d— Schilling, d— Pfund, d— Gulden, d— Dollar und
   d— Franken sind alle notiert.
10. D— Siebengebirge ist nicht weit von Bonn.
    Geben Sie Hinweise über das Genus der folgenden Sachnamen und
Abstrakta:

1. Namen der Jahreszeiten, Monate und Tage.
2. Namen der Erd- und Gesteinsarten.

3. Kollektivbegriffe mit der Vorsilbe *Ge-*.
4. Geldnamen.

Übung 2   Präpositionalobjekte — Akkusativ

Bilden Sie Sätze mit:
  1. per Postgut
  2. per Frachtschiff
  3. durch seinen Beruf
  4. durch die Firma
  5. um die Stadt
  6. um sein Hobby
  7. gegen eine starke Konkurrenz
  8. gegen das Interesse der Firma
  9. die Straße entlang
 10. die Hauptstraße entlang
 11. bis nächsten Monat
 12. bis an die erste Ampel
 13. bis an den Marktplatz
 14. durch die Anlagen
 15. für sein Hobby.

Übung 3   Wortschatz

Was macht:

 1. eine Buchhalterin?
 2. eine Stenotypistin?
 3. eine Telefonistin?
 4. eine Person, die im Verkauf arbeitet?
 5. eine Sekretärin?

Was ist/sind:

 1. Fertigwände?

Ein modern eingerichtetes Büro

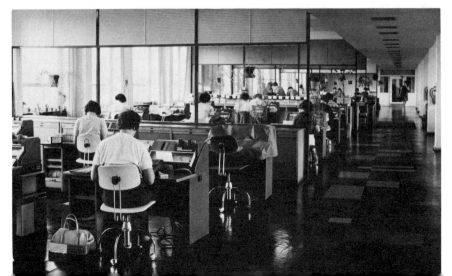

2. Grundmauern?
3. Klinker?
4. Baustoffe?
5. Dachziegel?
6. Fundament?
7. Großhandlung?
8. Verkauf?
Die Antworten auf Deutsch bitte!

Übung 4   Ausschließende Sätze

Bei dem Gebrauch einer ausschließenden Konjunktion schließt der Inhalt des zweiten Satzes den Inhalt des ersten aus. Diese Konjunktionen (oder, entweder . . . oder, andernfalls) sind nebenordnend.

Vervollständigen Sie diese Sätze:

1. *Entweder* möchte ich in einem ganz einsamen Dorf wohnen, *oder* ich . . .
2. *Entweder* gehe ich in die Großstadt um große Einkäufe zu machen, *oder* ich . . .
3. Du kannst sofort losgehen, *oder* du . . .
4. Du kannst in dem Dorf einkaufen, *oder* du . . .
5. Es wäre besser das Haus sofort zu verkaufen, *andernfalls* . . .
6. Ein Park ist schon im Planen, *andernfalls* . . .
7. *Entweder* kommen sie aus Ostpreußen, *oder* . . .
8. *Entweder* kauft die Stadt das umliegende Land, *oder* . . .

Übung 5   Starke und unregelmäßige Verben

Verwandeln Sie die Verben vom Präsens in das Perfekt:

1. Er reitet das Pferd täglich.
2. Er reitet in den Wald.
3. Er dringt durch den Wald.
4. Er kommt aus Schlesien.
5. Die Arbeit beginnt täglich um acht Uhr.
6. Das Geschäft bleibt bis sechs offen.
7. Die Frau fährt in die Stadt.
8. Sie hält viel von den Nachbarn.
9. Es gelingt ihr diese Freundschaft zu erhalten.
10. Sie hilft ihnen.
11. Ihre Hausarbeit nimmt nicht viel Zeit in Anspruch.
12. Was treibt sie den ganzen Tag?
13. Sie unternimmt vieles.
14. Sie trifft ihren Mann in der Stadt.
15. Sie schreibt Briefe.

16. Sie sendet ein Paket per Post.
17. Sie meidet das Gedränge in der Großstadt.
18. Sie sprechen über das Alltagsleben.
19. Sie lädt eine Freundin ein.
20. Sie hilft ihm bei der Arbeit.

Übung 6   Anreihende Sätze

Anreihende Konjunktionen sind nebenordnend.
    Vervollständigen Sie diese Sätze:
1. *Erstens* kauft man das Grundstück, *zweitens* . . .
2. Erst geht man zur Bausparkasse, *dann* . . .
3. Man muß gespartes Geld haben, *sowie* . . .
4. Man soll die Transportmöglichkeiten bedenken, *außerdem* . . .
5. Das Dorf ist *sowohl* wohlhabender geworden, *als auch* . . .
6. Es hat *weder* den Charakter eines Dorfes *noch* . . .
7. Es hat aber *nicht* nur Vorteile, *sondern auch* . . .
8. Die Straße ist *weder* breit *noch* . . .
9. *Bald* steigen die Baukosten, *bald* . . .

Übung 7   Daß-Sätze

Konjunktionalsätze (Daß-Sätze) stehen auch in der Rolle des Subjekts
und des Gleichsetzungsnominativs.

Zum Beispiel:

    Daß sie so viel Geld ausgibt, ärgert ihn.
    Tatsache ist, daß sie einen guten Geschmack hat.

    Vervollständigen Sie diese Sätze:
1. Daß sie aus Pommern gekommen ist, . . .
2. Daß der Mann aus der Schweiz kommt, . . .
3. Daß er Plattdeutsch spricht, . . .
4. Daß man 400 Morgen Land erbt, . . .
5. Daß ein Mann 50 Jahre in derselben Stelle tätig ist, . . .
6. Daß er sich mit seinem Hobby befaßt, . . .
7. Daß man eine Fabrik auf dem Gelände gegenüber baut, . . .
8. Daß die Häuser aus der Erde schießen, . . .
9. Daß die Firma bekannt ist, . . .
10. Daß die Firma vielseitig ist, . . .
11. Tatsache ist, daß . . .
12. Die Hauptsache ist, daß . . .
13. Nebensache ist, daß . . .
14. Das Problem ist, daß . . .
15. Wahrheit ist, daß . . .

Zementwerk Höver bei Hannover   Blick auf die Innenstadt Hannovers

Übung 8   Relativsätze

Setzen Sie die zwei Hauptsätze zusammen, so daß Haupt- und Relativsatz entstehen.

Die Satzpaare sind:

1. Das Dorf liegt am Stadtrand.
   Der Name des Dorfes ist Wettbergen.
2. Die Firma ist in der ganzen Bundesrepublik bekannt.
   Der Ruf der Firma ist gut.
3. Die Fabrik ist neu gebaut.
   Sie sehen die Installationen der Fabrik.
4. Der Neubau ist aus Stahl und Beton.
   Von dem Neubau hat man schon gehört.
5. Der Zuzug von Fabrikarbeitern war bemerkenswert.
   Der Einfluß des Zuzuges war groß.

Übung 9   Gespräch

Zusammenfassung

Szene: Ein kleines Zimmer in dem Haus der
Schwiegermutter. Abend.

Junger
Ehemann: Ich habe wieder kein Glück gehabt.
Seine
Frau: Du kommst wieder spät nach Hause. Wo warst du denn
heute?
Ehemann: Kennst du das neue Wohnviertel, südlich der Stadt, am
Stadtrande?
Frau: Die Siedlung auf der anderen Seite der Ringstraße? Ja?

Ehemann: Ja. Da war ich heute nach der Arbeit. Ich habe mir die neuen Wohnblocks angesehen. Obwohl das ganze Viertel immer noch im Bau ist, kann man zu einem Büro auf der Baustelle gehen, einen Schlüssel bekommen, und eine Wohnung im zwölften Stockwerk eines schon fertigen Wohnblocks ansehen.

Frau: Ist der Wohnblock, wo du warst, noch im Bau?

Ehemann: Nein. Wie gesagt, er ist schon fertig. Der Aufzug ist schon in Betrieb.

Frau: War es eine Zwei- oder Dreizimmerwohnung, die du gesehen hast?

Ehemann: Im zwölften Stock besichtigte ich eine Zweizimmerwohnung. Meiner Meinung nach, ziemlich klein. Gleich am Eingang der Wohnung ein enger Flur, rechts eine Art Kochnische, vielleicht Platz genug für einen Gasherd, einen Kühlschrank, die Waschmaschine, ein Abspülbecken, zwei kleine Schränke . . .

Frau: Gut. Mehr braucht man nicht.

Ehemann: Meinst du? Wenn du damit zufrieden bist, . . .

Frau: Was für eine Heizung gibt es?

Ehemann: Fernheizung, von der Stadt geliefert, aber vom Mieter zu bezahlen.

Frau: Und wie sind die anderen Zimmer?

Ehemann: Also, links von dem Flur ist die Toilette, und nebenan ein Badezimmer mit Dusche. Dann geradeaus ein Schlafzimmer nach Norden und ein Wohnzimmer nach Süden gelegen.

Frau: Herrlich. Und der Ausblick vom zwölften Stock muß schon prachtvoll sein?

Ehemann: Das denkst du! Ausgezeichnet! Ganz fabelhaft! Auf der einen Seite sieht man eine häßliche neue riesige Fabrik, auf der anderen Seite kann man kaum durch die anderen Wohnblocks hindurchsehen. Ein buntes Bild muß ich sagen!

Frau: Ich habe den Stadtplan gesehen. Das Wohnviertel liegt etwa 7 Kilometer von der Stadtmitte. Wieviel Miete muß man zahlen?

Ehemann: Es ist ein Haken dabei. Wir müssen 220 DM im Monat bezahlen.

Frau: Was? Unmöglich! Mach doch keinen Witz.

Ehemann: Bestimmt! 220 DM. Weißt du, aus diesem Grunde habe ich mir eine Altbauwohnung ziemlich im Zentrum der Stadt angesehen.

Frau: In welchem Stadtviertel?

Ehemann: Nicht weit von der Hebbelstraße, in der Nähe des Zentrums. Eine Wohnung im vierten Stock. Natürlich kein Aufzug. Die Zimmer sind hoch und klein. Die ganze Wohnung ist reparaturbedürftig. Wir müßten 150 DM im Monat bezahlen.

Frau: Du liebe Zeit. Ich bin sprachlos.
Ehemann: Endlich!
Frau: Sei ernst. Du weißt, daß wir nicht viel länger bei Mutti
             bleiben können. Wir müssen etwas unternehmen. Ich
             schlage vor, daß wir jetzt unsere Pläne eingehend diskutieren.
Ehemann: Einverstanden.

   Fassen Sie bitte das Gespräch in nicht mehr als 80 Wörter zusammen.

Übung 10   Gespräch
Führen Sie das Gespräch der obigen Übung weiter.

Übung 11   Gespräch
Stellen Sie ein Gespräch zusammen, entweder mündlich oder schriftlich, worin drei Personen über die Nachteile des Alltagslebens diskutieren.

Meinungen

 1. Was sind die Vor- und Nachteile des Wohnens am Rande einer
    Großstadt?
 2. Wie würden Sie die Ausbreitung einer industriellen Großstadt
    planen?
 3. Kann man es vermeiden, daß die anliegenden Dörfer ihren
    Charakter verlieren?
 4. Kann ein Vorort eine Einheit bilden?
 5. Wie kann man die Leute in einem Industrieviertel am besten
    unterbringen?
 6. Welche Industrien passen zu einer Großstadt wie Hannover?
 7. Was für Industrien hat Hannover?
 8. Beschreiben Sie das Gebiet um Hannover.
 9. Ist Hannover Knotenpunkt eines Verkehrsnetzes?
10. Die Sprecherin behauptet, daß das Bauland sehr teuer geworden ist.
    Würden Sie diese Behauptung als typisch für die ganze Bundes-
    republik halten? Geben Sie die Gründe für Ihre Antwort.
11. Die Sprecherin redet von Flüchtlingen. Was verstehen Sie unter
    dem Wort 'Flüchtlinge'?
12. Wie groß war der Flüchtlingsstrom am Ende des Krieges und in der
    Nachkriegszeit?
13. Aus welchen Gebieten sind die meisten Flüchtlinge gekommen?
14. Was waren die politischen Konsequenzen des großen Flüchtlings-
    stromes?
15. Spricht man heute viel von Flüchtlingen?

16. Was ist eine Dorfgemeinschaft?

17. Der Sprecher redet von dem 'dörflichen Charakter' des Ortes. Was verstehen Sie darunter?

18. Wenn Sie einen großen Hof erben würden, was würden Sie daraus machen?

19. Was ist eine Urlaubsvertretung?

20. Was halten Sie von dem neuen Baustil in Deutschland?

21. Was für neue Baustoffe werden heute verwendet?

22. Zu welchen Zwecken werden sie gebraucht?

23. Was ist eine Großhandlung?

24. Was sind die Vor- und Nachteile einer großen Baufirma?

25. Was sind die neuesten chemischen Baustoffe?

26. Welche Fertigteile kann eine Baufirma am besten verwenden?

27. Befassen sich die meisten Stadtbewohner mit dem Baustil und dem Aussehen einer Stadt?

28. Wie würden Ihre Pläne für eine neue Stadt aussehen?

Transkription

Transkribieren Sie von der originalen Tonbandaufnahme die Stücke:

1. Von   'Wir werden uns daran gewöhnen müssen' . . .
   bis . . . 'eine ganz andere Stimmung da reinbringen'.

2. Von   'Der junge Besitzer' . . .
   bis . . . 'verkauft'.

3. Von   'Sie verkaufen alles was' . . .
   bis . . . 'damit geht es los'.

Bibliographie

Prof. Alfons Silbermann: *Vom Wohnen der Deutschen*. Ein 'Buch des Wissens' von einem Soziologen, Fischer Bücherei, Nr. 730, April, 1966.
Martin Walser: *Ehen in Philippsburg*, Rororo Taschenbuch Ausgabe, Nr. 557/1963.
Ein Roman über irgendeine deutsche Großstadt.
C. Baier: *Deutschland und die Deutschen*, Methuen.

In fast jeder Zeitung sind Reklamen, Anzeigen und auch Zeitungsartikel über Wohnungsangelegenheiten.

3. SIEDLUNGSBILD EINES BAYRISCHEN DORFES

Zusammenfassung

Zur Zeit der Tonbandaufnahme war der Sprecher ein Student in München. Sein Thema in diesem Auszug ist das Siedlungsbild eines bayrischen Dorfes. Er beschreibt ein Dorf, 30 Kilometer nördlich von München gelegen, vom Standpunkt eines Soziologen. Er selbst hat den Zuwachs des Dorfes während der letzten 20 Jahre miterlebt. Sein Bericht darüber ist klar aber kritisch. Das Dorf ist eine typisch bayrische Siedlung.

Er spricht in einer bayrischen Umgangssprache.

Frage und Antwort

Aufnahme 3

Lesen Sie bitte zunächst die Fragen durch, so daß Sie deren Bedeutung genau kennen. Hören Sie die Tonbandaufnahme 2–3 mal an und beantworten Sie die Fragen entweder schriftlich oder mündlich.

1. Wo liegt das Dorf Marzling?

Luftaufnahme von Marzling bei Freising/Oberbayern

2. Bietet die Gegend volle Beschäftigung für die Einwohner?
3. Welche Beispiele für den bäuerlichen Charakter des Dorfes gibt der Sprecher?
4. Unter welchen Umständen ist der Sprecher nach Marzling gekommen?
5. Wie groß war der Flüchtlingsstrom zur gegebenen Zeit?
6. Wie hat sich das Dorf ausgedehnt?
7. Was fällt besonders bei der Fahrt durch das Dorf auf?
8. Wie sind Marzling und Freising zusammengewachsen?
9. Was für einen Laden hat das Dorf bekommen?
10. Wann und wo hat er etwas Ähnliches im Siedlungsbild feststellen können?

Fragen auf Tonband

Beantworten Sie bitte jetzt die Fragen, die Sie auf dem Tonband hören werden.

Sprachübung

Aufgabe 1 (*Drei Phasen*)   Präpositionalobjekte: Dativ

Mustersatz: Der Gasthof liegt *neben dem einzigen Laden.*

Leitwörter: 1. neben dem einzigen Laden
           2. der Kirche gegenüber
           3. nicht weit ab vom Dorf
           4. weit ab von der Hauptstraße
           5. fern der Eisenbahn
           6. am Fluß
           7. beim Krämerladen

Aufgabe 2 (*Drei Phasen*)   Daß-Sätze als Präpositionalobjekte

Mustersatz: Es liegt nun einmal daran, *daß ein Plan fehlt.*
Leitsätze: 1. daß ein Plan fehlt.
          2. daß es keine Planung gibt.
          3. daß die Verhältnisse schlecht sind.
          4. daß alles unsystematisch gewachsen ist.
          5. daß Ausnahmezustände herrschen.
          6. daß die Zeiten schlecht sind.

Aufgabe 3 (*Drei Phasen*)   Präpositionalobjekte: Dativ

Mustersatz: Man fährt *mit der Eisenbahn*

Leitwörter: 1. mit der Eisenbahn
           2. von dem Dorf weg

3. von der Dorfmitte ab
4. aus der Stadt heraus
5. zu der Verwandtschaft
6. vom Bahnhof ab
7. aus dem Dorf heraus
8. in den nächsten drei Tagen
9. seit einigen Wochen mit dem Auto
10. dem Fahrplan gemäß.

Aufgabe 4 (*Drei Phasen*)   Modalverben

Mustersatz: Haben Sie *das Dorf besichtigen können*?

Leitwörter: 1. das Dorf besichtigen können?
             2. Ähnliches bei anderen Dörfern sehen können?
             3. die Höfe der Einheimischen betrachten können?
             4. die unsystematische Ausdehnung des Dorfes feststellen können?
             5. die Siedlungshäuser besichtigen können?
             6. Änderungen feststellen können?
             7. eine Veränderung im Dorfbild feststellen können?
             8. die Ursachen ausfindig machen können?

Aufgabe 5 (*Drei Phasen*)   Relativsätze

Mustersatz: Es ist ein Dorf, *das nahe an der Bahn liegt.*

Leitsätze: 1. das nahe an der Bahn liegt.
            2. das von der Lage der Bahnlinie abhängt.
            3. das sich unförmig ausbreitet.
            4. das sich unsystematisch ausdehnt.
            5. das unheimlich schnell wächst.
            6. das die Hügel hinaufwächst.
            7. das aus dem Tal hinauswächst.
            8. das ein zureichendes Verkehrsnetz besitzt.

Aufgabe 6 (*Vier Phasen*)   Perfekt

Die Verben sind vom Präsens in das Perfekt umzusetzen.
   Die Sätze sind:

1. Die Stadtverwaltung evakuiert die Kinder.
2. Der Beamte telefoniert mit der Gemeindeverwaltung.
3. Er studiert das Problem der Unterbringung.
4. Er kennt die Verhältnisse.
5. Er beginnt die Evakuierung.
6. Die jungen Flüchtlinge erweisen sich dankbar.
7. Ein soziales Experiment mißlingt gelegentlich.
8. Man weiß nicht immer die Gründe.

Aufgabe 7 (*Vier Phasen*)   Possessivpronomen
                          (Possessivadjektive in der englischen Grammatik)

Die Behauptungen sind positiv zu beantworten mit einer Wiederholung
des Inhalts.

Zum Beispiel:

Sprecher: Er hat seinen Plan geändert. Und sie (Singular)?

Student: Ja. Sie hat ihren Plan auch geändert.

Sprecher: Sie haben ihre Meinung geäußert. Und ihr?

Student: Ja. Wir haben auch unsere Meinung geäußert.

Die Sätze sind:

1. Wir haben über unsere Pläne entschieden. Und du?
2. Wir haben unsere Eltern zu einem Entschluß gebracht. Und du?
3. Er hat seine Meinung geäußert. Und seine Schwester?
4. Sie hat ihre Vorstellungen auseinander gesetzt. Und er?
5. Sie hat ihr Wohnhaus verschönert. Und der Hauswirt?
6. Er hat kleine Ausbesserungen in seinem Wohnzimmer gemacht.
   Und ihr?
7. Er hat sein Haus ausgebaut. Und du?
8. Er hat seinen alten Wagen verkauft. Und du?
9. Das Dorf hat seinen Charakter verändert. Und die Stadt?
10. Ich habe meine Heimatstadt besucht. Und du?

Aufgabe 8 (*Vier Phasen*)   Präsens

Die Verben sind vom Perfekt in das Präsens umzusetzen.

Die Sätze sind:

1. Man hat Änderungen im Ortsbild festgestellt.
2. Die Dörfer sind stark angewachsen.
3. Die Autofahrer sind an der Bahnlinie vorbeigefahren.
4. Der Zustrom hat die Einheimischen nicht sehr beeinflußt.

Aufgabe 9 (*Vier Phasen*)   Adjektive

Die Sätze sind umzuändern, so daß das Adjektiv bei dem Substantiv als
Attribut steht.

Zum Beispiel:

Sprecher: Die Siedlungshäuser sind einstöckig.

Student: Es sind einstöckige Siedlungshäuser.

Sprecher: Es gibt Vorgärten, die klein sind.

Student: Es gibt kleine Vorgärten.

Die Sätze sind:

1. Das Dorf ist stattlich.
2. Die Hauptstraße ist breit, aber kurvenreich.

3. Die Bauernhöfe sind massiv und gut instandgehalten.
4. Die Siedlungshäuser sind klein und nett.
5. Die Giebel sind meistens spitz.
6. Es gibt Siedler, die fleißig und strebsam sind.
7. Es gibt Einheimische, die solide und vertrauenswürdig sind.
8. Es gibt Dörfer, die unförmig ausgedehnt sind.
9. Es gibt ein anderes Dörfchen, das weit abliegt.
10. Es gibt eine Bahnlinie, die schnurgerade ist.

Aufgabe 10 (*Vier Phasen*)   Perfekt

Die Verben sind vom Futur in das Perfekt umzusetzen.

Die Sätze sind:

1. Es wird ihm gelingen.
2. Er wird ihr helfen.
3. Es wird ihnen etwas fehlen.
4. Er wird dem Mann nachlaufen.
5. Er wird ihm folgen.
6. Sie wird ihm gratulieren.
7. Es wird ihr gut gefallen.
8. Sie wird ihm danken.
9. Sie wird ihm beistehen.
10. Es wird meinen Erwartungen nicht entsprechen.
11. Es wird ihm nicht schaden.
12. Es wird ihm zustehen.
13. Er wird ihm zuhören.
14. Wir werden ihm vertrauen.
15. Wir werden ihnen widerstehen.
16. Sie wird ihrer Mutter nicht gehorchen.
17. Sie wird ihrer Mutter nachgeben.
18. Es wird ihm nichts übrig bleiben.
19. Wir werden ihm scharf antworten.
20. Wir werden ihnen später begegnen.

Übung
in der Deutschen Sprache

Übung 1   Genus — Eigennamen

Die Wörter sind zu ergänzen:

1. Kennst du d— fleißig— Liese?
2. Du meinst d— hübsch— Liesel?
3. Ich habe d— Land Schleswig-Holstein so gern.
4. Er studiert d— ganz— Europa.
5. In d— Schweiz hat er d— Wallis besucht.
6. Der Russe kommt von d— Ukraine.

7. Er reist durch d— Harz.
8. Er reist auch durch d— Allgäu und dann durch d— Schwarzwald.
9. Er reist weiter durch Tirol in d— Engadin.
10. D— Großglockner, d— Monte Rosa, d— Montblanc und d— Zugspitze sind mir bekannt.
11. Ich kenne d— Taunus, d— Hunsrück, d— Eifel, d— Jura, d— Dolomiten und d— Ardennen.
12. Die deutschen Flüsse sind: d— Rhein, d— Main, d— Neckar, d— Elbe, d— Weser, d— Werra, d— Isar, d— Fulda, d— Lahn, d— Oder, d— Mosel, u.a.
13. D—Capitol zeigt den neuen Film.
14. D— CDU, d— SPD und d— FDP haben Versammlungen.
15. D— BGB ist d— entsprechend— Werk.
16. Man muß d— A klein schreiben.
17. D— 'Europa' ist im Hafen.
18. D— Pfalz erzeugt gute Weine.
19. Er besucht gern d— historisch— Westfalen.
20. D— Haag ist d— Regierungssitz d— Niederland—.

Welche Hinweise über das Genus der folgenden Eigennamen sind festzustellen:

(a) Personennamen
(b) Länder und Gebietsnamen
(c) Ortsnamen
(d) Bergnamen und Gebirgsnamen
(e) Abkürzungen

Übung 2   **Entgegensetzende Sätze**

Der Inhalt des zweiten Satzes ist dem Inhalt des ersten Satzes entgegengesetzt.
Zum Beispiel:

Er hat keine Großstadt in Betracht gezogen, sondern er hat das Ortsbild eines Dorfes studiert.

Er wollte die Siedlung in vielen bayrischen Dörfern studieren, allein er hatte nicht die notwendige Zeit.

Entgegensetzende Konjunktionen sind nebenordnend. Deshalb ist die Wortstellung wie in einem Hauptsatz.
(Ausnahme: *während* (Konjunktion)).

Die folgenden Sätze sind zu vervollständigen (Vorschläge sind in Klammern gegeben):

1. Die Einheimischen bewohnen meistens Bauernhöfe, *dagegen* . . . (Flüchtlinge — Siedlungshäuser).
2. Die neuen Siedler waren alle Flüchtlinge, *aber* . . . (Einheimische — echte Bayern).

Rieden bei Füssen, im Allgäu

3. Sie gehören jetzt zur Dorfgemeinschaft, *nichtsdestoweniger* . . . (eigene Lebensart mitgebracht).
4. Sie haben sich in die Dorfgemeinschaft eingelebt, *hinwieder* . . . (eigene Sitten und Gebräuche).
5. Sie wollten das Dorf planmäßig vergrößern, *allein* . . . (Nachkriegszeit — unmöglich).
6. Der Bauer wollte den Hof ausbauen, *jedoch* . . . (keine Baugenehmigung).
7. Die Einwohner des Dorfes arbeiten teils auf dem Lande, *jedoch* . . . (Großstadt).
8. Die ältere Generation hat ihre Arbeit im Dorf, *während* . . . (jüngere Generation).
9. Sie haben nicht nur einen anderen Gesichtspunkt, *sondern* auch . . . (Lebensweise).
10. Die junge Generation hat anscheinend für die Landwirtschaft nicht viel übrig, *aber* . . . (die Produkte brauchen).

Übung 3   Präpositionalobjekte — Dativ

Bilden Sie bitte Sätze mit:

1. von der Bushaltestelle
2. zum Bahnhof
3. von der Lage
4. von dem Lager
5. nach der Stadt
6. zur Stadt
7. zum größten Teil
8. bei dem Nebenfluß
9. bei anderen Dörfern

10. binnen acht Tagen
11. der nächsten Stadt entgegen
12. fern dem leeren Geschwätz der Menschen
13. dem Krämerladen gegenüber
14. aus dem Gasthof
15. außer ihrer Strebsamkeit
16. der Natur gemäß
17. seit einigen Jahren
18. beim Durchfahren
19. aus den benachbarten Dörfern
20. bei günstigem Wetter.

Übung 4   Derjenige

Die jeweils zutreffende Form dieses Pronomens ist zu gebrauchen
(denjenigen, diejenigen, usw.):

1. Ich kenne d— Frau, die bei der Ernte helfen wird.
2. Der Bauer stellt nur d— Landarbeiter ein, die strebsam sind.
3. Er stellt nur d— Landarbeiter ein, der strebsam ist.
4. Das Problem der Arbeitskraft auf dem Lande ist d—, was heute am
   schwersten zu lösen ist.
5. Er hat d— Dorf ausgesucht, das die Siedlungsweise am besten zeigt.

Übung 5   Sinngleiche Wörter

Gebrauchen Sie bitte die folgenden Wörter in vollen Sätzen, um die
Bedeutungsunterschiede zu klären:

1.	die Umgebung	die Nachbarschaft
2.	die Gesellschaft	die Gemeinschaft
3.	der Unterschied	die Änderung
4.	die Gaststätte	der Gasthof
5.	der Arbeiter	der Angestellte
6.	der Betrieb	das Unternehmen
7.	das Haus	die Wohnung
8.	die Verhandlung	die Diskussion
9.	der Lohn	das Gehalt
10.	die Teuerung	die Preissteigerung
11.	die Ware	die Waren
12.	die Automatisierung	die Mechanisierung
13.	festlegen	feststellen
14.	sitzen	sich setzen
15.	bedenken	berechnen
16.	beliefern	liefern
17.	erhalten	erwerben
18.	bedeuten	beweisen
19.	aushandeln	verhandeln
20.	ausdehnen	verbreiten

Übung 6 Korrelative Paare

Die Ankündigung eines Relativsatzes findet oft durch ein Pronomen oder ein unbestimmtes Zahlwort statt. Das erste Wort steht in dem Hauptsatz, und die beiden Wörter sind korrelativ.

Zum Beispiel:

derselbe, der   derjenige, der
dasselbe, was   dasjenige, was
manches, was   allerhand, was

Die folgenden Sätze sind zu vervollständigen:

1. Die Ware ist *diejenige, die* . . . (aussuchen)
2. Auf dem Lande gibt es *vieles, was* . . . (altmodisch)
3. In diesem Dorf sieht man *manches, was* . . . (bäurisch)
4. In den benachbarten Dörfern gibt es *weniges, was* . . . (anders)
5. Auf dem Schützenfest gibt es *allerhand, was* . . . (Freude)
6. Er erzählte *nichts, was* . . . (wissen)
7. Auf dem Tanzabend gab es *mancherlei, was* . . . (ungewöhnlich)
8. Auf dem Marktplatz gibt es *etwas, was* . . . (sehenswürdig)
9. Im Straßenverkehr gibt es *allerlei, was* . . . (gefährlich)
10. Auf der Straße passiert *manches, was* . . . (Aufsehen)
11. Er erzählt *denselben* Witz, *den* . . . (hören)
12. Die junge Frau ist *diejenige, die* . . . (die Mode vorführen)

Übung 7 Zusammenfassung

Diese Sätze (mit kleinen Änderungen) sind aus der Tonbandaufnahme entnommen. Fassen Sie bitte die vier Sätze in einen Satz zusammen.

Die Sätze sind:

1. Das Dorf war an einem Nebenfluß der Isar gelegen.
2. Jetzt ist es plötzlich über die Hügel hinausgewachsen.
3. Es ist nicht im Tal entlang gewachsen.
4. Es ist vollkommen unsystematisch die Hügel hinaufgewachsen.

Übung 8   Verben, die ein Dativobjekt als einzige Ergänzung fordern

Die Sätze sind zu ergänzen:

1. Das Dorfbild ähnelt d— in anderen bayrischen Dörfern.
2. Es gefällt m—.
3. Es fehlt d— Dorf die Ruhe vor dem Verkehr.
4. Der Nebenfluß folgt d— Tal.
5. Der Jüngling hat d— Mädchen zugewinkt.
6. Es ist i— nicht geglückt, sie anzureden.
7. Sie hat i— ganz einfach nicht geantwortet.
8. Das ist i— entgangen.
9. Kurz danach ist sie s— Freunde begegnet.
10. Seitdem mißtraut er all— Mädchen.

Übung 9   Beschreibung

Der Sprecher auf dem Tonband spricht von einem Dorf und seiner
Besiedlung. Wie stellen Sie sich ein Dorf in Niederbayern vor?

Übung 10   Beschreibungen

Beschreiben Sie:

1. Einen Krämerladen in einem deutschen Dorf.
2. Die Verkehrszeichen, die man an den Landstraßen findet.
3. Die Landschaft um Marzling.
4. Die einstöckigen Häuser mit den spitzen Giebeln.
5. Den Durchgangsverkehr.
6. Die Haupstraße zwischen Marzling und Freising.

Meinungen

1. Der Sprecher behauptet, daß ein Ortsbild sehr stark von der Lage
   der Bahnlinie abhängt. Wie ist Ihre Meinung?

2. Soll eine Bundesstraße durch ein Dorf führen, welche sozialen
   Probleme entstehen dadurch?

3. Was haben die Einheimischen von dem Flüchtlingsstrom gehalten?

4. Wie werden die Neusiedler zu Dorfbewohnern?

5. Um ein Siedlungsbild bayrischer Dörfer zu entwerfen, würden Sie
   ein paar Dörfer sorgsam untersuchen? Oder welche Methode
   würden Sie gebrauchen?

6. Man spricht von der Planung eines Dorfes. Wer könnte eine solche
   Planung vornehmen? Welche Organisation? Oder welches Amt?

7. Was ist eine Gemeinde? Ein Gemeinderat? Eine Gemeindeverwaltung? Ein Gemeindevorsteher?

8. Was ist eine Kreisstadt?

9. Was ist ein Zollgrenzbezirk?

10. Welche Arbeitsmöglichkeiten bietet ein Dorf wie Marzling für (a)
    junge Männer und (b) Mädchen?

11. Aus welchen Gründen ziehen junge Leute Arbeit in einer Stadt vor?

12. Welche Vorteile hat die Arbeit auf dem Lande?

13. Welche Formen der Landwirtschaft gibt es in Niederbayern?

14. Wie wichtig sind die Flüsse für die Landwirtschaft in Nieder-
    bayern? Ist der Boden überall fruchtbar?

15. Liegen Marzling und Freising im bayrischen Vorgebirge?

16. Beschreiben Sie das Land Bayern.

17. Welche historischen Persönlichkeiten und welche Ereignisse haben
    eine große Rolle in der Geschichte Bayerns gespielt?

18. Inwiefern kann ein Bayer noch heute sein Land als einen Staat für sich betrachten?

19. Wie stellen Sie sich den typischen Bayern vor?

20. Welche Erkennungszeichen würden Sie an einem Bayern und an einer Bayerin erwarten?

21. Was ist ein Soziologe? Was untersucht er?

22. Welchen Wert hat die Erforschung des Siedlungsbildes?

23. Welche besonderen ökonomischen Probleme hat Bayern?

Transkription

Die folgenden Stücke von der originalen Tonbandaufnahme sind zu transkribieren:

1. Von 'Das hängt sehr stark von der Lage' . . .
   bis . . . 'zum Beispiel, Marzling bei Freising'.

2. Von 'Eine Straße verbindet' . . .
   bis . . . 'geht die Bahnlinie vorbei'.

3. Von 'erstens war es vorher an einem Nebenfluß' . . .
   bis . . . 'die Häuser an der Straße'.

Bibliographie

Hans Mann und Otto Götz, *Zwischen Alpen und Main : Kleine Landeskunde von Bayern*, Verlag: Bonn, Hannover, Hamburg: Dümmler, 1963.

Gottfried Kölwel, *Bayernspiegel*. Heitere Geschichten aus Stadt und Land. Goldmanns Gelbe Taschenbücher, Nr. 1726.

Oskar Maria Graf, *Bayrischer Bauernspiegel*, Goldmans Gelbe Taschenbücher, Nr. 1488.

Oskar Maria Graf, *Bayrische Dorfgeschichten*, Goldmanns Gelbe Taschenbücher, Nr. 1489.

Die beiden letzt genannten Bücher sind heitere und ernste Erzählungen.

Helmut Hoffmann, *Bayern: Handbuch zur staatspolitischen Landeskunde der Gegenwart*, Verlag München: Olzog, 1966.

The Oxford Atlas, Oxford University Press (latest edition).

Especially the map 'Europe: Predominant Land Use'.

H. A. L. Fisher, *A History of Europe*, Arnold, 1936.

A general view of Bavarian history. See the index.

4. WOHNUNGSSUCHE UND FAMILIÄRES

Zusammenfassung

Eine verheiratete Friseurmeisterin spricht über das Problem der Wohnungssuche in München. Sie beschreibt ihre alte, kleine Wohnung und die vielen Laufereien, um eine neue zu bekommen. Zwar hat ihr Mann einen Baukostenzuschuß zahlen können, trotzdem geht sie noch arbeiten, obwohl sie über 50 Jahre alt ist. Am Ende ihres Gesprächs redet sie über Familiäres.

Frage und Antwort

Aufnahme 4

Bitte lesen Sie zunächst die Fragen durch, so daß Sie deren Bedeutung genau kennen. Hören Sie die Tonbandaufnahme 2–3 mal an und beantworten Sie die Fragen entweder schriftlich oder mündlich.

1. Wie lange mußte die Frau warten, bevor sie eine Wohnung bekam?
2. Unter welcher Bedingung hat sie die Wohnung bekommen?
3. Wohin mußte sie gehen, um die Angelegenheit amtlich zu regeln?
4. Was für einen Zuschuß mußte die Familie zahlen?
5. Wie hat der Mann das nötige Geld bekommen?
6. Warum ist ihr die gegenwärtige Wohnung ein bißchen zu groß.
7. Wo arbeitete sie zur Zeit der Aufnahme?
8. Woher stammt ihr Mann?
9. Ist der Sohn schon zur See gefahren?
10. Inwiefern fühlt sich der Sohn berufen?
11. Hat sie versucht, ihm von der Seefahrt abzuraten?

Fragen auf Tonband

Beantworten Sie bitte jetzt die Fragen, die Sie auf dem Tonband hören werden.

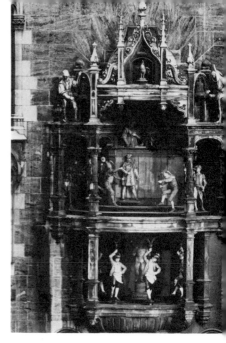

Rathaus und Frauenkirche, München   Glockenspiel am Rathaus, München

Sprachübung

Aufgabe 1 (*Drei Phasen*)   Wörter

Mustersatz: Natürlich haben wir *viele Laufereien* gehabt.

Leitwörter: 1. viele Laufereien
            2. viele Schwierigkeiten
            3. einige Geldprobleme
            4. Wohnungsschwierigkeiten
            5. einen günstigen Zuschuß
            6. sonstige Probleme

Aufgabe 2 (*Drei Phasen*)   Werden

Mustersatz: Vor einigen Jahren ist die Lage *besser geworden*.

Leitwörter: 1. . . . besser geworden
            2. . . . günstiger geworden
            3. . . . schwieriger geworden
            4. . . . schlechter geworden
            5. . . . kritischer geworden

Aufgabe 3 (*Drei Phasen*)   Verb in Endstellung in Gliedsätzen

Mustersatz: *Als sie ihre Meisterprüfung bestanden hatte*, war sie froh.

Leitsätze: 1. Als sie ihre Meisterprüfung bestanden hatte,
           2. Weil ihr Mann einen Zuschuß bekommen hatte,
           3. Nachdem sie in die Dringlichkeitsstufe 11 eingereiht wurde,

4. Nachdem sie eine neue Wohnung gefunden hatte,
5. Nachdem sie wieder zur Arbeit gegangen war,
6. Seitdem neue Aussichten vorhanden waren.

Aufgabe 4 (*Drei Phasen*)   selbst, selber, dieselbe

Mustersatz: Ich kenne *die Frau selbst.*

Leitwörter: 1. die Frau selbst
            2. sie selbst
            3. sie selber
            4. dieselbe Frau
            5. denselben Mann

Aufgabe 5 (*Drei Phasen*)   Perfekt: Passiv

Mustersatz: Es ist *genehmigt* worden.

Leitwörter: 1. genehmigt
            2. bewilligt
            3. zugesagt
            4. gewährt
            5. gestattet
            6. angenommen

Aufgabe 6 (*Vier Phasen*)   Die Bildung eines Fragesatzes

Aus den Aussagesätzen sind Fragesätze zu bilden. Der Fragesatz soll
dem Aussagesatz inhaltlich entsprechen.

Zum Beispiel:

Sprecher: Wir haben irgendwo eine Wohnung gefunden.

Student: Wo haben Sie eine Wohnung gefunden?

  Die Aussagesätze sind:

1. Wir haben irgendwo einen Parkplatz gefunden.
2. Wir wollen irgendwohin fahren.
3. Wir haben irgend eine Auskunft bekommen.
4. Wir wollen irgendwann nach Berlin fahren.
5. Wir haben irgend ein Lokal ausgesucht.
6. Wir haben irgend jemanden gefragt.
7. Wir haben irgend eine Wirtschaft gefunden.
8. Wir haben irgendwo geparkt.
9. Wir haben irgend eine Person gefragt.
10. Wir haben irgend etwas bekommen.

Aufgabe 7 (*Vier Phasen*)   Perfekt
                            Starke und unregelmäßige Verben

Die Verben sind vom Präsens ins Perfekt umzusetzen.
  Die Sätze sind:
1. Sie bekommt eine Wohnung.

2. Sie muß 7 Jahre warten.
3. Sie hat viele Laufereien.
4. Sie kann Baukostenzuschüsse geben.
5. Er hat einen Zuschuß vom Staat.
6. Sie geht wieder zur Arbeit.
7. Sie beginnt ein neues Leben.
8. Sie bleibt nicht zu Hause.
9. Sie fährt einen VW.
10. Sie fährt durch München.
11. Sie findet Arbeit an der Akademie.
12. Es gelingt ihr, eine Stelle zu finden.
13. Ihr Mann hilft ihr.
14. Sie geht oft zu Fuß.
15. Sie meidet den Großstadtverkehr.
16. Sie ruft sie an.
17. Sie lädt ihre Tochter zum Geburtstag ein.
18. Sie meidet die Nachbarin.
19. Sie bäckt Kuchen.
20. Sie essen zu Abend.

Aufgabe 8 (*Vier Phasen*)   Perfekt: Passiv

Die Verben sind vom Aktiv ins Passiv umzustellen.
Zum Beispiel:

Sprecher: Man hat die Wohnung ausgestattet.

Student: Die Wohnung ist ausgestattet worden.

Die Sätze sind:

1. Man hat die Wohnung repariert.
2. Man hat die Wohnung neu ausgestattet.
3. Man hat die Wohnung tapeziert.
4. Man hat den Fußboden frisch gebohnert.
5. Man hat die Möbel neu poliert.
6. Man hat die Fenster frisch gestrichen.
7. Man hat die Beleuchtung erneuert.
8. Man hat die Wände in der Küche neu gekachelt.
9. Man hat Fernheizung installiert.
10. Man hat die Miete erhöht.

Aufgabe 9 (*Vier Phasen*)   Perfekt: Passiv

Die Verben stehen im Passiv. Bitte setzen Sie die Verben vom Präsens
ins Perfekt um.

1. Ich werde oft gefragt.
2. Du wirst selten mitgenommen.
3. Er wird immer vor acht Uhr morgens abgeholt.
4. Sie wird immer nach Hause gefahren.

Im Brunnenhof (17. Jahrhundert). Ehemaliger Sitz der Könige von Bayern

5. Es wird immer per Post gesandt.
6. Wir werden nie gefragt.
7. Es wird ständig wiederholt.
8. Es wird direkt von Berlin übertragen.
9. Es wird diesmal mit der Bahn gesandt.
10. Sie werden immer nach Hause gefahren.

Aufgabe 10 (*Vier Phasen*)   Perfekt: Passiv

Die Verben sind wieder vom Aktiv ins Passiv umzustellen.

Zum Beispiel:

Sprecher: Man hat Pläne gemacht.

Student: *Pläne sind gemacht worden.*

Die Sätze sind:

1. Man hat große Pläne gemacht.
2. Man hat Vorbereitungen getroffen.
3. Man hat einen Entwurf gemacht.
4. Man hat den Grundriß entworfen.
5. Man hat ein System ausgearbeitet.
6. Man hat den Plan genehmigt.
7. Man hat eine Methode erdacht.
8. Man hat Pläne geschmiedet.
9. Man hat große Pläne geschmiedet.
10. Man hat einen Plan entworfen.

Übung
in der Deutschen Sprache

Übung 1   All, alles, usw.

Wie wird das Wort *all* dekliniert? Die betreffenden Wörter sind zu ergänzen. Die Form *all* kann in einzelnen Fällen beibehalten werden.

1. Sie hat fast all— Hoffnung aufgegeben, eine neue Wohnung zu bekommen.
2. Es bedurfte all— Mutes.
3. Sie bedurfte all— ihren Mutes.
4. Zuerst waren all— ihre Hoffnungen vergebens.
5. Vor all— wollte sie eine größere Wohnung haben.
6. All— war zuerst hoffnungslos.
7. Sie mußte auf all— Fälle Geld sparen.
8. Vor all— Dingen mußte sie Geld sparen.
9. In all— Ruhe wurde das Problem diskutiert.
10. Bei all— dem, was sie ertragen mußte, blieb sie mutig.
11. All— in all— war es eine schlimme Zeit.
12. Nach dem Krieg war ihr Geld all—.

Übung 2   Ander—

Wie wird das Wort *ander*— dekliniert und in Einzelfällen das darauffolgende Adjektiv? Die betreffenden Wörter sind zu ergänzen:

1. Der eine rauchte Zigarren, und der ander— Zigaretten.
2. Die Freunde haben das Rauchen aufgegeben, einer nach dem ander—.
3. Heute ist die Lage etwas ander—.
4. Junge Leute rauchen oft, weil ander— es auch tun.
5. Ander— beschaulich— Leute denken ander—.
6. Unter ander— ist es eine gesellschaftliche Angelegenheit.
7. Das ist kein Problem: es ist etwas ander—.
8. Es läßt sich mit ander— klar— Worten ausdrücken.
9. Ander— brauchbar— Material ist zu Hand.
10. Es gibt noch ander— brauchbar— Material.

Übung 3   Genus — Eigennamen

Diese Sätze sind durch die zutreffenden bestimmten Artikel zu ergänzen:

1. D— kleine Karlchen ist hier.
2. D— kleine Gretel ist mit.
3. D— alberne Trudi ist auch da.
4. Man reist durch d— Elsaß.
5. D— berühmte Straßburg liegt in d— Vogesen.
6. D— Waadt liegt nördlich d— Genfer Sees.

7. Wir fahren durch d— Niederlande.
8. Wir besuchen d— U.S.A.
9. Er besucht d— Ud.S.S.R.
10. D— Brocken liegt im Harz.
11. D— Mosel mündet bei Koblenz in d— Rhein.

Übung 4   Begründende Sätze

Ein kausaler Satz ist ein Gliedsatz, der den Inhalt des Hauptsatzes
begründet. In dieser Übung sind nur rein kausale Konjunktionen in
Betracht gezogen. Sie sind entweder nebenordnend (*denn*), oder
unterordnend (*weil, da*). Davon hängt die Stellung des Verbs ab.
Zwischen dem Gebrauch der Wörter *weil* und *da* bestehen feine
Unterschiede.

Die folgenden Sätze sind mit einem dieser Wörter zu ergänzen: *weil,
da, denn*.

1. Er fühlt sich eben berufen, — sein Großvater war auch bei der
   Handelsmarine.
2. Er fühlt sich eben berufen, — sein Großvater auch bei der Handelsmarine war.
3. Sie haben den Vorschlag nicht angenommen, — sie andere Pläne
   hatten.
4. — er alt genug ist, geht er seinen eigenen Weg.
5. — er so denkt, ist nichts zu ändern.
6. Über seine Karriere ist er begeistert, — er will vorwärts kommen.
7. Er ist eifrig in der Schule, — er zur See fahren will.
8. Die Mutter bekommt oft Besuch von der Tochter, — sie in derselben Stadt wohnt.
9. Sie bekommt oft Besuch, — die Tochter wohnt in derselben Stadt.
10. Heute kommt sie nicht, — das Baby krank ist.

Aus welchem Grund haben Sie die jeweiligen Wörter als Antworten
gewählt?

Übung 5   Präpositionalobjekte mit dem Dativ

Bilden Sie bitte Sätze mit:

1. von der Stadt
2. vom Staat
3. von dem Wohnungsamt
4. zur Handelsmarine
5. zur Zeit
6. nach einem Jahr
7. nach einer bestimmten Zeit
8. bei der Marine
9. zur See
10. binnen zwei Wochen

11. entgegen ihrem Rat
12. seit letztem Montag
13. seit vielen Wochen
14. mit ihrem Sohn
15. dem Rathaus gegenüber
16. aus dem Ratskeller
17. aus Langerweile
18. der Haltestelle gegenüber
19. nach der Schule
20. zur Schule.

Übung 6   Kausaladverbien

Adverbien kennzeichnen Umstände, darunter Umstände des Grundes.
In den folgenden Sätzen sind Kausaladverbien gebraucht worden.
Welche Wörter in den Sätzen sind Kausaladverbien?

1. Er war wieder eingeschlafen, deshalb kam er spät.
2. Er war darüber sehr wütend.
3. Er mußte deswegen eine Ausrede finden.
4. Folglich hat er sich bei dem Chef entschuldigen müssen.
5. Er benutzte daher eine Ausrede.
6. Der Chef war davon gar nicht überzeugt.

Was ist die Funktion des Kausaladverbs?

Übung 7   Wechsel der Wortart — Übertritt in die Wortart Substantiv

Eine Substantivierung der Wörter anderer Art findet oft statt. Zum
Beispiel: das Schwimmen, das Gute, der Ismus.

Bilden Sie bitte Substantive aus diesen Wörtern und dann Sätze, die
diese Substantivierung enthalten.

Zum Beispiel:

   c : das hohe C
   Das hohe C ist ein bekanntes Getränk.
   Die Wörter sind:

1. deutsch   2. unbekannt
3. eins   4. muß
5. ausführen   6. einführen
7. reisen   8. heute
9. hin und her   10. blau

Übung 8   Rein kausale Sätze

Diese Sätze sind entweder mit *denn* oder *weil* zu vervollständigen:

1. Die Tochter besucht die Mutter öfters, — sie selbst wohnt in
   München.
2. Sie wohnt in München, — sie ist mit einem hiesigen Postbeamten
   verheiratet.

3. Sie geht nicht zur Arbeit, — sie für das Baby sorgen muß.
4. Sie bleiben in München, — der Mann dort arbeitet.
5. Sie geht nicht zur Arbeit, — das Kind noch sehr klein ist.
6. Sie können sich mehr anschaffen, — er hat kürzlich eine Lohn-erhöhung bekommen.

Übung 9   Zusammenfassung

Die Satzbildung und die Satzstellung unterscheiden sich gelegentlich beim Sprechen und beim Schreiben. Das folgende Stück ist aus der Tonbandaufnahme entnommen. Hätten Sie es kürzer und bündiger sagen oder schreiben können? Wie?

Das Stück ist am Anfang der Aufnahme:

'Nachdem ich 15 Jahre verheiratet war und bereits zwei Kinder hatte, mußte ich trotzdem 7 Jahre warten, um die Wohnung zu bekommen, aber nur unter der Bedingung, weil ich die Dringlich-keitsstufe 11 hatte, sonst vielleicht hätte es noch Jahre gedauert, bis es eben so weit war'. (46 Wörter)

Übung 10   Zusammenfassung

Fassen Sie bitte drei Sätze in einen Satz zusammen:

1. (a) Sie hat eine Wohnung bekommen.
   (b) Die Wohnung hat drei Zimmer.
   (c) Die neue Wohnung ist größer.
2. (a) Der Mann ist in Wien geboren.
   (b) Sie hat ihn erst nach 1945 kennengelernt.
   (c) Er war zu der Zeit in München.
3. (a) Ich war zuvor selbständig.
   (b) Ich hatte 21 Jahre lang ein Friseurgeschäft.
   (c) Ich verkaufte das Geschäft.
4. (a) Meine Tochter hat sich verheiratet.
   (b) Mein Sohn ist zur Handelsmarine gegangen.
   (c) Jetzt sind wir beide allein.
5. (a) Er hat natürlich große Pläne.
   (b) Er will vorwärtskommen.
   (c) Er will natürlich zur See fahren.

Meinungen

1. Wie waren die Wohnungsverhältnisse in den Großstädten nach dem Kriege?
2. Was ist ein Wohnungsamt?
3. Sollte die Wohnungssuche dem freien Markt überlassen werden?
4. Inwiefern soll und kann eine Stadtverwaltung Wohnungsver-hältnisse kontrollieren?

Olympia-Stadt München 1972, noch im Modell

5. Was ist eine Dringlichkeitsstufe?

6. Ist der Staat oder das Land verpflichtet, die Wohnungsnot zu beseitigen? (Vom sozialen, soziologischen, moralischen, religiösen oder politischen Standpunkt).

7. Was ist ein Baukostenzuschuß?

8. Welche Nachteile hat eine Wohnung mit einem Zimmer und einer Küche für vier Personen?

9. Soll eine Frau zur Arbeit gehen?

10. Was ist eine Akademie?

11. 'Er fühlte sich berufen'. Hat das Wort 'Beruf' heutzutage seine genaue Bedeutung verloren?

12. 'Geh, und das wird schon richtig'. Welches waren die Gefühle und Ansichten der Mutter, als sie diese Worte zu ihrem Sohn sagte?

13. Wann hat ein Sohn die Reife, über seine eigene Zukunft zu entscheiden?

14. Und eine Tochter?

15. Ist München die schönste Großstadt der Bundesrepublik?

16. Aus welchen Gründen möchten Sie entweder in München wohnen oder nicht in München wohnen?

17. Wie groß ist München? Wieviel Einwohner hat es? Was für Industrie hat die Stadt? Wie ist das Verkehrsnetz?

18. Welche historischen Gebäude möchten Sie ausgiebig besichtigen?

19. Die Bürger haben ihr Opernhaus, das nach dem Zweiten Weltkrieg in Trümmern lag, in allen Einzelheiten restauriert. Was halten Sie von dieser Leistung?

20. Was weiß der Münchner vom Fußball?

21. Was würden Sie im Hofbräuhaus erwarten?

22. Welche Ausstellungsgegenstände sind im Deutschen Museum zu besichtigen?

23. Welche Vorbereitungen werden in München für die Olympischen Spiele 1972 getroffen?

24. Wie wird das Verkehrsnetz verbessert?

25. Was halten Sie von dem neuen Untergrundeinkaufsviertel?

26. Wie wichtig ist die Rolle Bayerns heute?

27. Was halten Sie von München als Kulturzentrum?

Transkription

Die folgenden Stücke von der originalen Tonbandaufnahme sind zu transkribieren:

1. Von   'Natürlich mein Mann ist Flüchtling' . . .
   bis . . . 'da bekamen wir 3000 DM Baukostenzuschuß'.

2. Von   'Sie hatten vorher eine viel kleinere Wohnung'? . . .
   bis . . . 'ich war zuvor selbständig'.

Bibliographie

Statistisches Jahrbuch für Bayern.
Statitisches Taschenbuch für Bayern (Neueste Ausgabe).
   Beide jährlich von dem Bavarian Statistical Office, München 2, Neuhäuser Straße 51.
Bilderwerk Deutschland: Landeshauptstadt München, hrsg. von Presse- und Informationsamt München, Verlag: München: Wurm, 1964.

5. ERLEBNISSE EINES FALLSCHIRMSPRINGERS

Zusammenfassung

Fallschirmspringen ist das Hobby eines 26-jährigen Gebrauchtwagen-verkäufers. Er treibt den Sport in Kiel/Holtenau, wo es einen Luftsport-verein gibt. Zur Zeit der Tonbandaufnahme hatte er mehr als 40 Sprünge hinter sich. Er beschreibt kurz sein Training: die Boden-übungen, das Springen aus dem Flugzeug, einen automatischen Sprung, den ersten manuellen Sprung und die Art der technischen Ausführung. Am Tag der Aufnahme wäre er beinah verunglückt. Er beschreibt dieses Erlebnis.

Frage und Antwort

Aufnahme 5

Bitte lesen Sie zunächst die Fragen durch, so daß Sie deren Bedeutung genau kennen. Hören Sie die Tonbandaufnahme 2–3 mal an und beantworten Sie die Fragen entweder schriftlich oder mündlich.

Freifall!

1. Wie kam der Sprecher zu diesem Sport?
2. Mit welchem Training begann er die Ausbildung?
3. Warum mußte er die Bodenübungen machen?
4. Wie führte er die Bodenübungen aus?
5. Wie soll ein Fallschirmspringer aus dem Flugzeug springen?
6. Was für Bewegungen macht ein Fallschirmspringer, sobald er aus dem Flugzeug gesprungen ist?
7. Wie ist die Körperhaltung bei einem Sprung?
8. Was ist ein manueller Sprung?
9. Warum sind wohl die ersten zehn Sprünge automatisch?
10. Wie zählt man bei einem freien Fall?
11. Was ist ein Hilfsschirm?
12. 'Wenn man höher als 1000 Meter geht, muß man mit Stoppuhr und Höhenmesser springen', so behauptet der Sprecher. Warum wohl?
13. Was ist ihm passiert, als er am Tag der Aufnahme aus der Maschine sprang?
14. Was ist ihm passiert, als er sich von der Maschine befreite?

Fragen auf Tonband

Beantworten Sie bitte jetzt die Fragen, die Sie auf dem Tonband hören werden.

Sprachübung

Aufgabe 1 (*Drei Phasen*)   Wörter

Mustersatz: Sie mußten *Bodenübungen ausführen.*

Leitwörter: 1. Bodenübungen ausführen
              2. das Abrollen lernen
              3. im Hechtsprung aus der Maschine springen
              4. den Oberkörper nach vorn neigen
              5. die Reißleine ziehen
              6. die genaue Zeit des freien Falls messen
              7. mit Stoppuhr und Höhenmesser springen
              8. eine Ziellandung versuchen.

Aufgabe 2 (*Drei Phasen*)

Rangordnung der Verben am Ende eines Satzes

Mustersatz: Er lernte, *wie er hat abrollen müssen.*

Leitsätze:
1. wie er hat abrollen müssen.
2. wie er aus dem Flugzeug hat springen sollen.
3. wann er hat springen können.
4. wie lange er einen freien Fall hat halten dürfen.
5. wann er die Reißleine hat ziehen müssen.
6. wie er in der Luft sich hat halten sollen.

Aufgabe 3 (*Drei Phasen*)   Genitiv: Singular

Mustersatz: Er stellte *die Stärke eines neuen Fallschirmes* fest.

Leitwörter:
1. die Stärke eines neuen Fallschirmes
2. das Maß des Aufpralls beim Fallschirmabsprung
3. die Wirksamkeit des automatischen Schirmes
4. die Zuverlässigkeit des alten Höhenmessers
5. die Dauer eines freien Falls von 2000 Metern.

Aufgabe 4 (*Drei Phasen*)   um ... zu + Infinitiv

Mustersatz: Er machte die Bodenübungen, *um richtig abrollen zu können.*

Leitwörter:
1. um richtig abrollen zu können
2. um die Muskeln zu stärken
3. um sich an eine Landung zu gewöhnen
4. um den Stoß einer Landung abfangen zu können
5. um sich psychologisch vorzubereiten.

Aufgabe 5 (*Drei Phasen*)   Konsekutive Konjunktionen (so daß)

Mustersatz: Er bereitete sich vor, *so daß er den ersten Sprung machen konnte.*

Leitsätze:
1. so daß er den ersten Sprung machen konnte.
2. so daß er aus dem Flugzeug springen konnte.
3. so daß er den Zeitpunkt des Absprungs vorhersehen konnte.
4. so daß er den Körper nach vorn neigen konnte.
5. so daß er eine Ziellandung erreichen konnte.

Aufgabe 6 (*Vier Phasen*)   Imperfekt (Präteritum)

Die Verben sind vom Präsens in das Imperfekt umzusetzen.
   Die Sätze sind:

1. Ich steige in das Flugzeug ein.
2. Ich warte auf den Befehl des Piloten.

Zwischen Himmel und Erde

3. Ich bekomme den Befehl 'Fertig machen!'
4. Ich setze mich an die offene Tür.
5. Ich sitze mit den Beinen nach außen.
6. Ich springe auf den Befehl 'Los!'
7. Ich falle drei Sekunden frei durch die Luft.
8. Ich zähle sekundenweise.
9. Ich ziehe die Reißleine.
10. Ich stehe bei der Landung.

Aufgabe 7 (*Vier Phasen*)   Imperfekt (Präteritum)
                    Starke und unregelmäßige Verben

Die Verben sind vom Präsens in das Imperfekt umzusetzen.

Die Sätze sind:

1. Es fällt mir gerade ein.
2. Er denkt an nichts als an Sport.
3. Er läßt sich von niemandem beraten.
4. Es gelingt einem nicht immer.
5. Es scheint problematisch zu sein.

6. Man pflegt das Äußere.
7. Man meidet zu viel Unruhe.
8. Er schlägt sich das Problem aus dem Sinn.
9. Er stößt ihm das Messer ins Herz.
10. Sein Versprechen vergißt er nicht.
11. Man zwingt ihn zu einem Verzicht auf die Klage.
12. Es bleibt nicht viel übrig.

Aufgabe 8 (*Vier Phasen*) Imperfekt: Passiv
Starke und unregelmäßige Verben

Setzen Sie bitte die Verben vom Aktiv ins Passiv um.
Zum Beispiel:

Sprecher: Man begann die Vorstellung um acht Uhr.

Student: Die Vorstellung wurde um acht Uhr begonnen.

Die Sätze sind:
1. Man trank Bier faßweise bei dem Fest.
2. Man verlor viel Geld beim Spielen.
3. Man trug die Kosten.
4. Man stieß ihn über den Haufen.
5. Man sandte die Waren per Eilgut.
6. Man schob die Entscheidung auf die lange Bank.
7. Man übernahm die Verantwortung.
8. Man hielt die Zeitschrift zwei Jahre lang.
9. Man bat ihn um seine Hilfe.
10. Man fand den verlorenen Brief.
11. Man gewann Erdöl im Moor.
12. Man hob die Beschränkung auf.
13. Man half den Bauern bei der Ernte.
14. Man genoß den guten Wein.
15. Man nannte ihn Präsident.

Aufgabe 9 (*Vier Phasen*) Konsekutivsätze

Aus je zwei Sätzen sind ein Hauptsatz und ein Konsekutivsatz zu bilden mit Hilfe der konsekutiven Konjunktion *so daß.*
Zum Beispiel:

Sprecher: Man macht Bodenübungen.
        Man lernt die Landungsweise.

Student: Man macht Bodenübungen, *so daß man die Landungsweise lernt.*
1. Man springt von einer Leiter.
   Man lernt den Stoß einer Landung aus Erfahrung kennen.
2. Man springt zwei Meter weg.
   Man kommt aus der Fluglinie des Flugzeuges.

3. Man neigt den Oberkörper nach vorn.
   Man kommt in die stehende Lage.
4. Man zieht die Reißleine des Fallschirmes.
   Der Schirm öffnet sich.
5. Man zählt sekundenweise bei einem freien Fall.
   Man zieht beizeiten die Reißleine.
6. Man springt mit einer Stoppuhr.
   Man kann die genaue Zeit messen.
7. Man springt mit einem Höhenmesser.
   Man kann die genaue Höhe messen.
8. Man kontrolliert den Fallschirm.
   Man kann eine Ziellandung machen.

Aufgabe 10 (*Vier Phasen*)   Relativsätze

Die zwei Hauptsätze sind zusammenzusetzen, so daß Haupt- und
Relativsatz entstehen. Gebrauchen Sie bitte die Relativpronomen *der,
die, das, usw.*

Zum Beispiel:

Sprecher Er ist Mitglied des Luftsportvereins.
        Der Luftsportverein ist in Kiel/Holtenau.

Student: Er ist Mitglied des Luftsportvereins, der in Kiel/Holtenau ist.

   Die Satzpaare sind:

1. Der Fallschirm ist sorgfältig gepackt.
   Er trägt den Fallschirm.
2. Das Flugzeug ist für die Fallschirmspringerei geeignet.
   Man benutzt dieses Flugzeug.

Verwickelte Reißleinen

3. Man wählt für den Absprung den genauen Zeitpunkt.
   Der Ausbildungsleiter kennt diesen Zeitpunkt.

4. Er hat zehn automatische Sprünge gemacht.
   Die Sprünge waren sehr gut.

Übung
in der Deutschen Sprache

Übung 1   Präpositionalobjekte: Akkusativ oder Dativ

Die Präpositionen, die in Frage kommen, sind:
> *an, auf, hinter, in, neben, über, unter, vor* und *zwischen.*

Diese Sätze sind durch die zutreffenden bestimmten Artikel zu ergänzen:

1. Sie schob das häßliche Bild hinter d— Schrank.
2. Der Autofahrer bog in d— Seitenstraße ein.
3. Sie warf den Abfall in d— Müllkasten.
4. Sie setzte sich in d— Lehnstuhl.
5. Sie saß in d— Sessel.
6. Sie saß auf d— Couch.
7. Über d— Sendung haben wir schon geschrieben.
8. Über d— Sendung freuten wir uns.
9. Auf d— Waren gewähren wir 3% Rabatt.
10. Wir beziehen uns auf d— Brief vom 15. Mai.
11. Ich halte mich an d— Rat eines Geschäftsfreundes.
12. Sie stellte den Stuhl zwischen d— Büfett und d— Fenster.
13. Es geschah ein Mal über d— andere.
14. Das Auto fuhr ihn über d— Haufen.
15. Leider trank er eins über d— Durst.
16. Als Staatsmann steht er über d— Parteien.
17. Ich freue mich über d— Ereignis.
18. Er blieb vor d— hübschen Mädchen stehen.
19. Sie wartete neben d— geparkten Auto.
20. Sie glitt schnell in d— Auto.
21. Sie schloß sich in d— Auto ein.
22. Er ließ sich auf d— Bank nieder.
23. Sie war in d— Problem vertieft.
24. Der Mann kehrte in d— Gasthaus ein.
25. Unter d— gegebenen Umständen bin ich einverstanden.
26. Er kroch unter d— Decke, völlig erschöpft.
27. Vor d— Wirtschaft stand ein Auto.
28. Zwischen d— Mann und d— Frau gab es kein Mißverständnis.
29. Sie schrieb an d— Firma.
30. Das Gebäude liegt an d—Elbe.

Übung 2   Der Bau zusammengesetzter Wörter

In dieser Übung sind Wörter zusammenzusetzen.

Zum Beispiel:

der Sport	der Flieger	der Sportflieger
die Ausbildung	der Leiter	der Ausbildungsleiter
das Auge	die Braue	die Augenbraue
das Öl	beheizt	ölbeheizt

Dies sind zweigliedrige Zusammensetzungen mit einem Substantiv oder einem Adjektiv als Grundwort. Die Fügung geschieht zum Teil mit -s, -n, -e, -en, -er, -ns. Darin liegt der Zweck der Übung.

Die Wortpaare sind:

1. die Bewegung	die Ebene	2. der Freifall	die Lage
3. die Höhe	das Meßgerät	4. die Firma	der Inhaber
5. das Geschäft	der Freund	6. das Geschäft	die Zeit
7. das Geschäft	das Lokal	8. der Betrieb	das Personal
9. der Betrieb	die Kosten (Pl.)	10. der Grund	das Stück
11. der Bau	die Stelle	12. der Tag	der Lohn
13. der Tag	die Arbeit	14. der Tag	das Gespräch
15. der Tag	die Zeitung	16. der Tag	der Kurs
17. der Tag	das Werk	18. das Werk	der Führer
19. das Werk	der Leiter	20. das Werk	die Anlage
21. die Maschine	die Schrift	22. die Kohle	das Papier
23. das Buch	der Druck	24. der Druck	die Schrift
25. die Stunde	der Plan	26. die Stunde	der Lohn
27. die Frau	die Frage	28. der Mann	die Würde
29. die Frau	die Welt	30. das Weib	der Held
31. Mann	hoch	32. Mann	toll
33. Kind	lieb	34. Pech	schwarz
35. Stock	dunkel	36. küssen	wert
37. Hilfe	bereit	38. Liebe	wert
39. Liebe	voll	40. Liebe	los

Sind Grundprinzipien für den Bau zusammengesetzter Wörter festzustellen?

Nach welchem Wortteil richtet sich das Geschlecht eines zusammengesetzten Wortes?

Übung 3   Solch—

Wie wird das Wort *solch—* dekliniert? In den folgenden Sätzen sind die betreffenden Formen zu ergänzen:

1. Solch— Fallschirmspringer haben viel Mut.
2. Bei solch— gut— Wetter springen sie gern.
3. Es gibt einen solch— Wind, daß das Springen gefährlich ist.
4. Solch— Sprünge, die er macht, erfordern Mut.

5. Mit solch— Sportkameraden springt er gern.
6. Jeden solch— Absprung macht er gern.
7. Keinen solch— Absprung macht er nach Eintritt der Dunkelheit.
8. Solch— ein Fall kommt nicht vor.
9. Die Genehmigung eines solch— Absprungs findet unter bestimmten Bedingungen statt.
10. Das Ziel solch— Absprungs ist eine Landung auf dem Flugplatz.
   Sind Grundprinzipien über die Deklination festzustellen?

Übung 4   Beide

Wie wird das Wort *beide* dekliniert? In den folgenden Sätzen ist das Wort *beide* in seiner richtigen Form einzusetzen:
1. Die — Frauen sprachen miteinander.
2. — Frauen sprachen zur selben Zeit.
3. Ich sprach mit allen — .
4. Die Aussprache aller — war mundartlich.
5. Die Frauen waren tatsächlich — aus dem Schwarzwald.
6. Meine Frau unterhielt sich auch mit — Frauen.
7. Wir — sprachen mit ihnen.
8. Wir — Touristen sprachen mit ihnen.
   Sind Grundprinzipien über die Deklination festzustellen?

Übung 5   Jede

Wie wird das Wort *jede* dekliniert? In den folgenden Sätzen ist das Wort *jede* in seiner richtigen Form einzusetzen:
1. Man soll — Gelegenheit ausnutzen, sich in einer Fremdsprache zu üben.
2. — soll eine solche Gelegenheit ausnutzen.
3. Ein — soll sich üben.
4. Erfolg hat — seinem Talent gemäß.
5. Der Wortschatz — eindrucksvollen Gespräches ist hilfreich.
6. Man kann — solchen Wortschatz lernen.
7. Auf — Fall ist eine auditive Bewußtheit notwendig.
8. In — Fall ist Feingefühl erforderlich.

   Sind Grundprinzipien über die Deklination des Wortes *jede* festzustellen?

Übung 6   Konsekutivadverbien

Die folgenden Adverbien sind konsekutiv:
   daher, davon, darüber, darum, deshalb, deswegen, mithin, folglich, demnach.

   Setzen Sie bitte eines der obigen Konsekutivadverbien in die folgenden Sätze:
1. Weil der Einzelhändler nicht genügend Waren in dem Laden hatte, rief er den Großhändler an.

2. Der Großhändler setzte sich mit dem Hersteller in Verbindung.
3. Der Hersteller verlangte mehr chemische Grundstoffe.
4. Der Urerzeuger versuchte mehr Rohstoffe zu erzeugen.
5. Ein Großbetrieb braucht große Mengen von Material und muß eine Einkaufsabteilung haben.
6. Derselbe Großbetrieb muß die Waren verkaufen und einen Absatzmarkt haben.
7. Weil der Hersteller eine bestimmte Ware in großer Menge produziert, handelt er lieber mit dem Großhändler.
8. Weil der Verbraucher eine bestimmte Ware in kleiner Menge wünscht, handelt er nur mit dem Einzelhändler.
9. Da die Banken den Zahlungsverkehr erleichtern, werden sie als Dienstleistungsbetriebe angesehen.
10. Das Angebot ist sehr gering, die Nachfrage erscheint groß.

Wortschatz — Der Handel
Was macht:
1. der Urerzeuger
3. der Großhändler

2. der Hersteller
4. der Einzelhändler?

Was ist/sind:
1. die Ware
3. der Grundstoff
5. der Beschaffungsmarkt
7. Arbeitskräfte
9. der Zahlungsverkehr

2. die Waren
4. der Rohstoff
6. der Absatzmarkt
8. Anlagen
10. Angebot und Nachfrage

Antworten auf Deutsch, bitte!

Übung 7   Die Satzarten
Je nach der Absicht der Sprecher gibt es vier Satzarten:
1. den Aussagesatz
2. den Ausrufungssatz
3. den Fragesatz
4. den Aufforderungssatz.

Zum Beispiel:
1. Sie kamen gestern.   (Aussagesatz)
2. Sie kamen doch gestern!   (Ausrufungssatz)
3. Kamen sie gestern? Oder   (Fragesatz)
   Sie kamen gestern?
4. Komm!   (Aufforderungssatz)

Lesen Sie bitte jetzt die folgenden Sätze dreimal vor:
   erstens den einzelnen Satz als Aussagesatz, zweitens denselben Satz als Ausrufungssatz, drittens den Satz als Fragesatz, und so weiter für alle Sätze.
1. Sie zog sich doch zurück.

2. Sein Glück wandte sich.
3. Sie wendete die Lage zum Guten.
4. Er warf ein Auge auf das Mädchen.
5. Sein Blick ließ sie erbleichen.
6. Sie schlug die Augen auf.
7. Sie seufzte, tat aber nichts.
8. Sie schnauzte ihn an—in gehobenem Stil.
9. Er schlich sich weg.

Übung 8   Fragesätze

Die folgenden Sätze sind in die vertraulich-familiäre Sprache
umzusetzen: erstens in die *du*-Form, und zweitens in die *ihr*-Form.

1. Arbeiteten Sie eigentlich in dem Büro oder waren Sie anderswo in
   der Firma tätig?
2. Was taten Sie den ganzen Tag?
3. Kamen Sie mit dem ganzen Schriftverkehr zurecht?
4. Konnten Sie sich mit dem anderen Personal gut verstehen?
5. Mußten Sie sich viel nach anderen Leuten richten?
6. Telefonierten Sie viel?
7. Hatten Sie nur mit dem Schriftverkehr zu tun?
8. Machten Sie viele Überstunden?
9. Gingen Sie von Zeit zu Zeit in andere Abteilungen?
10. Sprachen Sie in dieser Firma französisch?

Was halten Sie vom stilistischen Standpunkt von dem Gebrauch der
ihr-Form im Imperfekt (Präteritum)?

Übung 9   Imperfekt (Präteritum)

Dieser Bericht ist von der Gegenwart in die Vergangenheit umzusetzen.
Wo es möglich ist, setzen Sie bitte die Verben in das Imperfekt.

'Vor dem ersten Sprung ist man ein bißchen nervös. Man überlegt
was man machen muß; das heißt, wie man sich vom Flugzeug entfernt,
wenn man aus dem Flugzeug springt.

Das Flugzeug ist auf der rechten Seite. Man springt im Hechtsprung
aus der Maschine, etwa zwei Meter weg. Man hält sich praktisch . . .
man versucht in die stehende Lage zu kommen . . . man kippt automatisch ein wenig nach vorn . . . man fällt so, und nach etwa dreißig
Metern öffnet sich der Schirm, der automatische Schirm. Dieser
Hilfsschirm, der als erstes Luft fängt, springt aus der Packhülle. Der
kleinere Schirm zieht den Fallschirm, und dieser bläht sich langsam auf.
Man fällt etwa 80 Meter vom Ziehen bis zum geöffneten Fallschirm'.

Übung 10   Zusammenfassung

Dieser Zeitungsartikel ist in nicht mehr als 100 Wörter zusammenzufassen:

Auf dem Weg zur 'elektronischen Stenotypistin'?

'Das Wunschbild zahlloser Chefs in aller Welt ist die "elektronische Stenotypistin". Zum Vermeiden des ständigen Ärgers mit dem Personal müßte man einfach eine perfekt funktionierende Maschine zum Diktat einschalten können: man spricht den Text in ein Mikrophon – und schon rattert eine vollautomatische Schreibmaschine die Schriftzeichen fehlerfrei auf den Briefbogen.

Da es in unserem Ohr und Hirn eine Nerven-"Schaltung" gibt, die aus der menschlichen Sprache einzelne Lautsignale herauszuhören und deren Bedeutung zu erkennen vermag, müßte es auch möglich sein, eine elektronische Datenverarbeitungsanlage zu konstruieren, die zu der gleichen Leistung fähig ist. Vielleicht wird es eines fernen Tages möglich sein. Vorerst aber sind alle Versuche, in dieser Richtung menschengleiche Perfektion zu erreichen, auf unüberwindbar erscheinende Hindernisse gestoßen.

Diese Schwierigkeiten umriß Dr. Werner Endres vom Forschungs-institut des Fernmeldetechnischen Zentralamtes in Darmstadt so: "Das Gerät müßte zunächst den zusammenhängenden Redefluß in einzelne Wörter zerlegen und diese orthographisch richtig niederschreiben können. Ferner sollte es — unter anderem auch aus der Satzmelodie — den Satzaufbau erkennen und die Interpunktionszeichen setzen können. Das bedeutet aber nichts Geringeres, als daß der Apparat die Sprache, in der er arbeiten soll, vollkommen "beherrschen" müßte. Gegen-wärtig wissen wir nicht, ob es jemals gelingen wird, solch ein Gerät herzustellen".

In die Enttäuschung über unser technisches Unvermögen mischt sich aber auch Bewunderung — und zwar über die Leistungsfähigkeit der von der Natur erschaffenen Hör- und Sprachregionen in unserem Hirn. Erst jetzt, da wir versuchen, dasselbe zu vollbringen, erfassen wir die volle Kompliziertheit der Vorgänge, die zum Erkennen der Sprache notwendig sind. Was jedem Kind so selbstverständlich erschien, wird auf einmal zur technischen Utopie'.

Aus der Zeitung *Münchner Merkur:* Ein Artikel von Vitus Dröscher.

Meinungen

1. Was zieht einen Mann (oder eine Frau) zu diesem Sport?
2. Ist der Mut körperlich, moralisch oder seelisch?
3. Was treibt ihn dazu, diesen Sport weiterzuführen?
4. Aus welchen Gründen möchten Sie den Sport treiben, oder den Sport nicht treiben?
5. Welcher Mann würde der bessere Fallschirmspringer sein, der phlegmatische oder der nervöse?
6. Welche charakteristische Eigenschaften erwarten Sie von einem Fallschirmspringer?

7. Ist das Fallschirmspringen ein Sport oder eine Kriegsübung?

8. Mit welchem Alter sollte man den Sport beginnen?

9. Ist das ein Sport für Frauen?

10. Welche Gefühle würden Sie in den folgenden Situationen haben:
    (a) Auf dem Flugplatz vor einem Sprung,
    (b) bei dem Einsteigen in das Flugzeug,
    (c) kurz vor dem Absprung,
    (d) bei einem Freifall,
    (e) bei einer Ziellandung?

11. Wie stellen Sie sich die Persönlichkeit eines Fallschirmspringers vor?
    (In diesem Fall des Sprechers dieser Tonbandaufnahme.)

Transkription

Die folgenden Stücke von der originalen Tonbandaufnahme sind zu transkribieren:

1. Von   'Wir mußten erstmal Bodenübungen machen' . . .
   bis . . . 'von einer Leiter'.

2. Von   'Und dann mußten wir noch . . . wurde uns noch erklärt' . . .
   bis . . . 'im Hechtsprung aus der Maschine'.

3. Von   'Vor meinem ersten Sprung war ich ein wenig nervös' . . .
   bis . . . 'man war eben nervös'.

Bibliographie

D. S. Halacy and Daniel Stephen, *Sprung aus den Wolken*, Balve/Westfalen: Engelbert-Verlag, 1964.

W. Gericke, *Das Fallschirmspringen: Ein Lehr- und Handbuch*, Wiesbaden: Tilia-Verlag, 1962.

Fallschirme. Ein 16 mm Film in schwarz/weiß mit Freimut F. Kalden als Regisseur, 1960. Dauer—14 Minuten. Curzon Publicity Ltd., 31, St. James's Place, London, S. W. 1.

Ein englisches Magazin, *Sport Parachutist* kann nur durch The British Parachute Association, 7c Lower Belgrave St., London, S.W. 1 erhalten werden. Nur für Mitglieder sind die folgenden Bücher zu kaufen:

T. W. Willans, *Parachuting and Skydiving*.

J. Greenwood, *Parachuting for Sport*.

Bud Selik, *Skydiving*.

R. Dalby, *Space Age Sport — Skydiving*.

Cathy Williams, *Falling Free*.

6. LEBENSLAUF EINES UNRUHIGEN GEISTES

Zusammenfassung

'Der Lebenslauf eines unruhigen Geistes' könnte man diese Tonband-aufnahme nennen. Diese Frau, im Jahre 1910 geboren, stammt aus Freiburg im Breisgau. 1933 siedelte sie nach Berlin über und kurz vor dem Zweiten Weltkrieg 1939 kehrte sie nach Freiburg zurück. Während des Krieges arbeitete sie ab 1941 in Straßburg, kam jedoch 1944 wieder nach Freiburg zurück. Sie hat inzwischen geheiratet und ist noch immer in einem Büro tätig. Nach ihren eigenen Worten ist sie ein unruhiger Geist.

Unruhiger Geist bei der Arbeit

Frage und Antwort

Aufnahme 6

Lesen Sie bitte zunächst die Fragen durch, so daß Sie deren Bedeutung genau kennen. Hören Sie die Tonbandaufnahme 2–3 mal an und beantworten Sie die Fragen.

1. In welchem Beruf war die Frau mit achtzehn Jahren tätig?
2. Warum hat sie diese Stelle aufgeben müssen?
3. Welche waren schlimme Jahre für sie?
4. Was für eine Stelle hat sie zunächst in Berlin angenommen?
5. Welche Eindrücke hatte sie von dieser Arbeit?
6. Warum hat sie ihre erste Stelle in einem Büro so nett gefunden?
7. Warum ist sie nach Freiburg zurückgekehrt?
8. Wo wohnte ihre Schwester?
9. Was war die Schwester von Beruf, und warum mußte die Schwester wieder zur Arbeit gehen?
10. Wie kam die Frau nach Straßburg, und was für eine Stelle hatte sie dort?
11. Warum fand sie das Leben in Straßburg so schön?

Fragen auf Tonband

Beantworten Sie bitte jetzt die Fragen, die Sie auf dem Tonband hören werden.

Sprachübung

Aufgabe 1 (*Drei Phasen*)   Wörter

Mustersatz: Sie ist *schon viele Jahre* in diesem Beruf tätig.

Leitwörter: 1. schon viele Jahre
            2. schon einige Monate
            3. seit einem Jahr
            4. erst seit einer Woche
            5. erst seit vorigem Montag
            6. seit langem

Aufgabe 2 (*Drei Phasen*)   Partizipialgruppen

Partizipialgruppen stehen aus rhythmischen Gründen meist am Anfang oder am Ende des Satzes. In dieser Aufgabe stehen sie am Ende und werden fast wie nachträgliche Einfälle behandelt.

Freiburg im Breisgau

Mustersatz: Sie blieb in Berlin, *ihre Zukunft überlegend.*

Leitwörter: 1. ihre Zukunft überlegend
2. einen neuen Beruf suchend
3. aus einer Provinzstadt kommend
4. an eine bessere Zukunft glaubend
5. auf eine sorgenfreie Zukunft hoffend.

Aufgabe 3 (*Drei Phasen*)   Imperfekt: Passiv

Mustersatz: Es wurden wieder *Stellen in den Büros gesucht.*

Leitwörter: 1. Stellen in den Büros gesucht
2. Aufschwünge in der Wirtschaft festgestellt
3. neue Arbeitsbedingungen eingeführt
4. mehr Arbeitsstellen angeboten
5. mehr Arbeitsstellen geschaffen
6. steigende Produktionszahlen gemeldet
7. viele neue Firmen gegründet
8. neue Dienststellen eröffnet
9. andere Arbeitsmöglichkeiten geschaffen
10. andere Maßnahmen getroffen.

Aufgabe 4 (*Drei Phasen*)   Finalsätze

Mustersatz: Gib acht, *daß du deine Heimat nicht vergißt!*

Leitsätze: 1. daß du deine Heimat nicht vergißt!
2. daß du dein Geld nicht verlierst!
3. daß du keinen Schiffbruch erleidest!
4. daß du deine Freunde nicht verlierst!
5. daß du deine Aktentasche nicht vergißt!

Aufgabe 5 (*Drei Phasen*)   Rangordnung am Ende
                                                           eines Satzes: Finalsätze

Mustersatz: Sie ging nach Berlin, *damit sie mehr Geld hat verdienen können*.
Leitsätze: 1. damit sie mehr Geld hat verdienen können.
             2. damit sie das Leben in einer Haupstadt hat erleben
                können.
             3. damit sie eine neue Umgebung hat finden können.
             4. damit sie einen neuen Bekanntenkreis hat suchen
                können.
             5. damit sie einen neuen Bekanntenkreis hat wählen
                können.
             6. damit sie von der Heimat hat wegkommen können.

Aufgabe 6 (*Vier Phasen*)   Finalsätze

Finalsätze geben einen Zweck oder eine Absicht an. Unterordnende
Konjunktionen sind: *damit* und *daß*, aber nebenordnend sind: *dazu* und
darum. In dieser Aufgabe sind nur die nebenordnenden Konjunktionen
zu verwenden. Aus zwei Sätzen ist ein Satz zu bilden.
Zum Beispiel:

Sprecher: Sie war zuerst Kontoristin.
            Sie wurde durch eine Notlage gezwungen.

*Student: Sie war zuerst Kontoristin, dazu wurde sie durch eine Notlage
          gezwungen.*

   Die Satzpaare sind:

1. Sie war zuerst Kontoristin.
   Sie wurde gezwungen.

2. Sie ging in einen Haushalt.
   Sie wurde verpflichet.

3. Sie war nachher in einem Büro tätig.
   Sie wurde gebeten.

4. Sie kehrte nach Freiburg zurück.
   Sie mußte eine neue Stelle finden.

5. Sie erkundigte sich nach einer Stelle.
   Sie meldete sich beim Arbeitsamt.

Aufgabe 7 (*Vier Phasen*)   Imperfekt (Präteritum)

Mit den Wörten '*Was für . . . ?*' am Anfang sind entsprechende
Fragen im Imperfekt (Präteritum) zu bilden.
Zum Beispiel:

Sprecher: Sie bekam eine Stelle als Kontoristin
Student: Was für eine Stelle bekam sie?

Die Behauptungen sind:

1. Sie traf nette Leute in Berlin.
2. Sie lernte eine süddeutsche Kollegin kennen.
3. Sie bildete sich einen sehr netten Kreis.
4. Sie machte interessante Ausflüge von dort aus.
5. Sie unternahm große Ferienreisen.
6. Sie kaufte allerhand hübsche Sachen.
7. Sie kaufte ein kariertes Kostüm.
8. Sie suchte eine günstige Halbtagsstelle aus.
9. Sie kaufte billige Taschenbücher.
10. Sie heiratete einen netten Mann.

Aufgabe 8 (*Vier Phasen*) Imperfekt (Präteritum)
Regelmäßige Verben

Die Verben sind vom Präsens in das Imperfekt umzusetzen.

Die Sätze sind:

1. Man erlebt so vieles in Berlin.
2. Ich wechsle meine Stelle aus Langeweile.
3. Man verdient nicht viel als Kontoristin.
4. Sie arbeitet tüchtig im Haushalt.
5. Sie spielt oft Karten und tanzt gern.
6. Sie merkt die politische Unruhe.
7. Sie sucht ihre Schwester wieder auf.
8. Es macht ihr Spaß, bei den Kindern zu sein.
9. Sie beschäftigt sich mit Hausarbeit.
10. Bürotätigkeit macht ihr Freude.

Aufgabe 9 (*Vier Phasen*) Imperfekt (Präteritum)

Setzen Sie bitte die Verben vom Aktiv ins Passiv um.

Zum Beispiel:

Sprecher: Man arbeitete früh morgens.

Student: Es wurde früh morgens gearbeitet.

Die Sätze sind:

1. Man erzählte so vieles.
2. Man arbeitete so intensiv.
3. Man arbeitete damals spät abends.
4. Man lernte damals so vieles.
5. Man suchte etwas Neues.
6. Man machte allerhand.
7. Man kaufte allerhand hübsche Sachen.
8. Man kaufte allerlei Bücher.
9. Man numerierte alles systematisch.
10. Man telefonierte oft in der Mittagspause.

11. Man bestellte fast immer telefonisch.
12. Man kontrollierte alles systematisch.

Aufgabe 10 (*Vier Phasen*)   Präsens ins Imperfekt
(Präteritum)

Die Fragen sind zu beantworten, dabei sollen die Verben vom Präsens
in das Imperfekt umgesetzt werden. Beginnen Sie deshalb mit den
Wörtern '*Nein. Gestern . . .*'.

Zum Beispiel:

Sprecher: Gehen Sie heute in die Stadt?

Student: Nein. Gestern ging ich in die Stadt.

1. Erzählen Sie heute etwas von Ihrem Leben?
2. Entscheiden Sie heute über Ihre Sommerferienpläne?
3. Pflegen Sie Ihren Garten heute?
4. Rufen Sie heute Ihren Freund an?
5. Erwarten Sie heute einen eingeschriebenen Brief?
6. Fahren Sie heute abend dahin?
7. Gehen Sie heute zu einer Geselligkeit?
8. Bringen Sie heute Ihre Freundin mit in den Klub?
9. Essen Sie heute abend im Kongoklub?
10. Geben Sie heute eine Party?
11. Laden Sie heute Ihre neuen Bekannten ein?
12. Bitten Sie heute Ihre Schwester mitzugehen?
13. Treffen Sie heute den Herrn Direktor zum ersten Mal?
14. Unterrichten Sie ihn heute über den wahren Zustand?
15. Halten Sie heute eine Rede?

Übung
in der Deutschen Sprache

Übung 1   Präpositionalobjekte: Akkusativ oder Dativ

Ergänzen Sie diese Sätze und Satzteile durch die zutreffenden bestimmten Artikel:

1. Damals war sie in d— Lehre.
2. Sie ging in d— Lehre.
3. Sie suchte eine Stelle in d— Büro.
4. Sie verzichtete auf d— Zuhause.
5. Sie vertiefte sich in d— Arbeit.
6. War sie in d— Arbeit vertieft?
7. Damals kümmerte sie sich kaum um d— Zukunft.
8. Sie stand an d— Schwelle eines neuen Lebens.
9. Sie war zunächst in d— Dienst einer Berliner Familie.
10. Sie gewöhnte sich an d— Haushalt.

Im Schwarzwald

11. Sie achtete auf d— Kinder.
12. Sie vertiefte sich in d— Alltagsleben.
13. Sie freute sich über d— Stelle.
14. Sie dachte lange über d— Lage nach.
15. Sie schrieb an d— Schwester im Schwarzwald.
16. Das Auto stand vor d— Fabrik.
17. Man fuhr vor d— Fabrik.
18. Der Bus hielt vor d— Fabrik.
19. Man nahm die erste Straße rechts hinter d— Kreuzung.
20. Hinter d— Ampel fuhren wir links ab.
21. Neben d— Ampel stand ein Polizist.
22. Er fuhr zwischen d— Verkehrsinsel und d— Straßenbahn.
23. Die Straßenbahnhaltestelle war auf d— Verkehrsinsel.
24. Zwischen d— Bahnhof und d— Postamt stand damals der Kiosk.
25. Sie kehrte in d— Restaurant ein.

Übung 2   Der Bau zusammengesetzter Wörter

Aus je zwei Wörtern ist ein zusammengesetztes Wort zu bilden, das entweder ein Substantiv oder ein Adjektiv ist. Die Einzelwörter sind Substantive, Adjektive, Verben, Partizipien, Pronomen und Zahlwörter.

Zum Beispiel:

selbst	Bedienung	die Selbstbedienung
eins	Akt	der Einakter

Die Wörter sind:

1. eins   Klang   2. eins   deuten

3. zwei	deuten	4. zwei	Jahr
5. zwei	beste	6. zwei	letzte
7. zwei	Druck	8. drei	Sprache
9. dritte	beste	10. nichts	nutzen
11. selbst	Bewußtsein	12. selbst	Gefühl
13. mehr	deuten	14. mehr	Arbeit
15. frei	Zeit	16. wohl	bekannt
17. obere	Körper	18. alt	bekannt
19. hell	blond	20. Ort	fremd

Sind Grundprinzipien über den Bau dieser zusammengesetzten Wörter festzustellen?

Übung 3   In, nach, zu

Eines der drei Wörter *in*, *nach* und *zu* sind in die folgenden Sätze einzusetzen. Ergänzen Sie die zutreffenden Wörter:

1. Sie ging immer — Fuß.
2. Sie ging — d— Stadt.
3. Sie ging — Berlin.
4. Sie fuhr — ihr— Freundin.
5. Sie fuhr — d— Hotel.
6. Sie fuhr — Süddeutschland.
7. Sie fuhr — d— bayrischen Alpen.
8. Sie reiste oft — d— Schweiz.
9. Sie brachte eine Freundin — Hause.
10. Sie fuhr — ihr— Mutter.

Bestand eine bestimmte Ungewißheit bei Ihren Antworten zu irgendeiner der obigen Fragen? Aus welchen Gründen?

Wie sind die Bedeutungsschwierigkeiten in dem Gebrauch der drei Wörter (in, nach und zu) zu erklären?

Übung 4   Indefinitpronomen

Einige Indefinitpronomen drücken einen unbestimmten Zahlbegriff aus wie: *all, jeder, jedermann, sämtliche, kein, nichts, jemand, niemand*. Sie weisen auf eine Gesamtheit hin oder verneinen sie.

In dieser Übung sind die Endungen solcher Wörter zu ergänzen.

1. Es kommt in jedermann— Leben vor, daß eine große Entscheidung getroffen werden muß.
2. Die Arbeit wurde zugeteilt, jed— nach seinem Talent.
3. Jed— der beiden Stellen war frei.
4. Jed— mußte für sich selbst eine passende Stelle aussuchen.
5. Sie suchte eine Stelle bei ein— jed— Büro in der Gegend.
6. Sie sprach mit jemand— über passende Gelegenheiten.
7. Sie ging in das Vorzimmer des Büros, fand aber niemand—.
8. Sie wollte mit jemand— über ein Stellenangebot sprechen.

9. Jed— einzeln— Posten wurde durch eine Zeitungsanzeige bekanntgegeben.
10. Kein— las die Zeitungsannoncen.
11. Kein einzig— las die Zeitung durch.
12. Damals hatte es überhaupt kein— Zweck eine Stelle zu suchen.
13. Kein— von den dreien bekam die Stelle.
14. Ihr konnte kein— helfen.
15. Man hörte damals von kein— frei— Stellen.
16. Aus nicht— wird nicht—.
17. Sie konnte nichts Gut— in ihrer Heimatstadt erwarten.
18. Um sämtlich— Stellen bewarben sich hunderte von Arbeitslosen.
19. Sämtlich— Geld mußte schwer verdient werden.
20. Jed— Mut fehlte ihr damals.
21. Sie suchte sich sämtlich— angebotenen Stellen heraus.
22. Man mußte sämtlich— Anzeigen durchlesen.
23. Sie wollten all— unbedingt Arbeit finden.
24. Es gelang nicht all— eine Stelle zu finden.

Übung 5   Finaladverbien

Finden Sie bitte das Finaladverb in den folgenden Sätzen:
1. Sie hatte nicht das notwendige Geld dafür.
2. Man muß hierfür etwas Anderes wählen.
3. Was sollen wir hierzu sagen?
4. Sie mußte dazu Geld ausgeben.
5. Es gab dafür keine andere Möglichkeit.

Übung 6   Zur Stellung der Gliedsätze

Gliedsätze lassen sich, ihrer Stellung gemäß, in Vorder-, Zwischen- und Nachsätze einteilen.

Vordersatz: *Wenn man immer genügend Geld in der Tasche gehabt hat,* kann man sich an das Haushaltsgeld nicht gewöhnen.

Zwischensatz: Das Geld, *das man selbst verdient hat,* wird mit reinem Gewissen ausgegeben.

Nachsatz: Sie besorgte sich eine Halbtagsstelle, *damit sie nachmittags ihre Hausarbeit machen konnte.*

Lassen sich die folgenden Sätze durch eine Umstellung des Gliedsatzes ändern? Beurteilen Sie bitte die Änderungen aus stilistischen Gründen.

Die Sätze sind aus der Tonbandaufnahme entnommen:
1. Die Leute waren sehr modern eingerichtet, so daß ich mich niemals überarbeitet habe.
2. Jetzt gehe ich zu meiner Schwester, die mittlerweile allein ist.
3. Dann war ich noch einmal zwei Jahre bei meiner Schwester, bis ihr Mann zurückkam.

4. Wenn man so gewöhnt ist, daß man sein eigenes Geld hat — und so als Hausfrau konnte man das nicht immer verlangen — habe ich mir doch einen Platz gesucht.
5. Ich habe eine Halbtagsstelle gesucht, daß ich nachmittags meine Hausarbeit machen kann.
6. Ich hoffe, daß ich es einige Jahre aushalten kann, so daß ich mein eigenes Taschengeld haben kann . . . einkaufen, wenn ich will.

Die obigen Sätze sind aus dem Tonbandgespräch entnommen; die folgenden sind grammatisch gebildet. Sind geschriebene Sätze leichter umzuändern?

7. Wenn sie unruhig wurde, ging sie zu ihrer Schwester.
8. Man konnte ihr keine Vorwürfe machen, weil sie ihrer Schwester immer half.
9. Nachdem sie einen netten Kreis gebildet hatte, lernte sie eine süddeutsche Kollegin kennen.
10. Das Büro, in dem sie arbeiteten, war in Berlin.

Übung 7   Finalsätze

Durch einen Finalsatz wird der Zweck oder die Absicht angegeben.
Vier Konjunktionen werden gebraucht:

Nebenordnend: *dazu, darum.*
Unterordnend: *damit, daß.*

         Sie ging nach Berlin.
         Sie konnte eine Stelle suchen.
Sie ging nach Berlin, damit sie eine Stelle suchen konnte.
         Sie mußte ihrer Schwester aushelfen.
         Sie kam nach Villingen.
Sie mußte ihrer Schwester aushelfen, darum kam sie nach Villingen.

Der Marktplatz von Villingen im Schwarzwald

Aus zwei Sätzen, bilden Sie einen Satz.

Die Satzpaare sind:

1. Sie wechselte ihre Stelle.
   Sie konnte mehr Geld verdienen.
2. In der Familie arbeitete sie tüchtig mit.
   Die Frau war zufrieden.
3. Sie sparte so viel Geld wie möglich.
   Sie konnte verschiedene Ausflüge machen.
4. Sie kehrte in ihre Heimatstadt zurück.
   Sie konnte ein ruhiges Leben führen.
5. Sie schrieb an ein Büro.
   Sie bekam eine Stelle als Sekretärin.
6. Sie hatte die Bibliothek unter sich.
   Sie wurde Bibliothekarin genannt.
7. Sie hatte die Bibliothek selbst eingerichtet.
   Sie konnte die Buchausgabe kontrollieren.
8. Endlich gab sie diese Stelle auf.
   Sie konnte ihre Tätigkeit als Hausfrau wieder aufnehmen.
9. Nachher suchte sie eine Halbtagsstelle.
   Sie konnte ihre Hausarbeit nachmittags machen.
10. Sie hat frühzeitig eine Stellung angenommen.
    Sie hatte ihr eigenes Taschengeld.

Übung 8   Imperfekt (Präteritum): Passiv

Wie kann man die folgenden Sätze anders ausdrücken? Inwiefern hat sich die genaue Bedeutung oder die besondere Betonung dadurch geändert? (Antworten auf Deutsch, bitte!)

Die Sätze sind:

1. Es wurde bis früh morgens getanzt.
2. Es wurde im allgemeinen festgestellt, daß . . .
3. Es wurde im Dorf erzählt, daß . . .
4. Es wurde nicht geraucht.
5. Es wurde während der ganzen Zeit nichts getan.
6. Es wurden im Gespräch verschiedene Themen diskutiert.
7. Es wurden einige Pläne besprochen.
8. Es wurden im ganzen keine festen Pläne entworfen.
9. Es wurde sorgfältig geplant.
10. Es wurde zwischen den beiden kein einziges böses Wort gesprochen.
11. Es wurde gefeiert.
12. Es wurde kaum etwas gesagt.

Lesen Sie bitte die obigen Sätze vor, womöglich denselben Satz zwei- oder dreimal mit veränderten Betonungen. Haben sich damit die Bedeutungen geändert?

Übung 9   Imperfekt (Präteritum)

Beantworten Sie bitte die folgenden Fragen und wiederholen Sie dabei den Inhalt. Die Verben sollen im Imperfekt (Präteritum) stehen. Zum Beispiel:

  Heute abend beginnt die Vorstellung um acht. Und gestern?
  Gestern begann die Vorstellung auch um acht.

1. Heute beginnt die Dienstzeit um acht. Und gestern?
2. Heute bietet dieses Restaurant eine reichhaltige Speisekarte an. Und gestern?
3. Heute empfiehlt man das Geflügel und die kalten Platten. Und gestern?
4. Heute essen wir mit unseren Kollegen und Kolleginnen zu Mittag. Und vorgestern?
5. Heutzutage hält sie viel von ihrem Chef. Und früher?
6. Heutzutage genießt er allgemeine Achtung. Und früher?
7. Heute gedeiht die Arbeit mächtig. Und letzte Woche?
8. Heutzutage hält man ihn für einen guten Personalchef. Und früher?
9. Heute geschieht vieles was uns nicht gefällt. Und im vorigen Jahr?
10. Heute rät man dem Sparer, sein Geld auf eine Bausparkasse zu bringen. Und früher?
11. Heutzutage ruft man viele neue Projekte ins Leben. Und vor zwei Jahren?
12. Heutzutage mißt man wirtschaftliche Fortschritte mit statistischen Methoden. Und vor ein paar Jahren?

Übung 10   Zusammenfassung

Im folgenden finden Sie Äußerungen zum Thema:

  Sollen Mann und Frau in der Ehe gleichberechtigt sein?

Junge Mädchen:

Verkäuferin, 24: Wenn beide gleich intelligent und charakterstark sind, unbedingt. Sonst sollte der Klügere das letzte Wort sprechen.

Laborantin, 22: Man muß klare Ressorts umgrenzen: Dieses ist Sache des Mannes, jenes Sache der Frau. Haushalt ist Frauensache, aber dem Mann steht ein beratendes Wort zu. Beruf ist Männersache, aber die Frau muß ihn dabei beraten dürfen. Wir leben im Zeitalter der Spezialisten. Auch in der Ehe sollte es dieses Prinzip geben.

Telefonistin, 23: Man muß alles zusammen besprechen und sich den besseren Argumenten fügen. Solange man sich liebt, dürfte das kein Problem sein.

Studentin, 22: Auf keinen Fall darf dabei herauskommen, daß der Mann in Fragen, wo keine Einigung erzielt wird, automatisch Recht bekommt.

Schülerin, 18: Selbstverständlich! Wir sind zur Gleichberechtigung erzogen.

Junge Männer:

Leutnant, 22: Es liegt in der Natur der Frau, zum Manne aufzublicken. Er muß also die Führungsrolle übernehmen.

Praktikant, 22: Eine Frau kann mit Diplomatie versuchen, ihren Willen durchzusetzen. Aber wenn sie auf Gleichberechtigung pocht, hängt der Haussegen schief.

Student, 21: Gleichberechtigung in der Ehe ist schädlich. Dabei kommt nur ein kameradschaftliches Team zustande.

Abiturient, 19: Man will ja nicht gerade ein Heimchen am Herd, aber zur idealen Ehefrau gehören vor allem Weiblichkeit, Anpassungsfähigkeit, Verträglichkeit. Das läßt sich mit Gleichberechtigung nicht vereinbaren.

Ehefrauen

Arbeiterfrau, 48: Der Mann ist das Oberhaupt der Familie. Als Ernährer steht ihm das zu.

Vertreterfrau, 42: Volle Gleichberechtigung ist nur Theorie. Die stärkere Persönlichkeit wird dominieren. Meist ist das erfahrungsgemäß der Mann.

Landwirtsfrau, 52: Nein. Jeder muß seinen Verantwortungsbereich haben, da muß er selbständig handeln können. Wenn es aber um wichtige Fragen geht, zum Beispiel, die Schulausbildung der Kinder, eine Lebensversicherung, das Testament oder ähnliche Dinge, und wenn sich beide Partner darin nicht einigen können, dann muß wohl der Mann eine Regelung finden.

Apothekersfrau, 55: Ehemänner brauchen das Gefühl, 'die Hosen anzuhaben'. Man sollte ihnen die Illusion lassen. Eine kluge Frau wird Mittel und Wege finden, um ihre Wünsche trotzdem durchzusetzen.

Ehemänner

Schlosser, 39: Frauen brauchen eine starke Hand, sonst haben sie keinen Respekt.

Versicherungskaufmann, 52: Die natürliche Einteilung — er verdient das Geld, sie verwaltet es — bringt schon eine Priorität des Mannes mit sich.

Bäckermeister, 46: Meine Frau und ich sind Geschäftspartner. Aber ich bin der Chef.

Kaufmännischer Angestellter, 51: In einer guten Ehe will die Frau gar nicht gleichberechtigt sein. Sie ist froh, wenn der Mann ihre Entscheidungen abnimmt.

Lehrer, 48: Meist ist der Mann der geistig Überlegene. Darum ist es auch im Interesse der Frau, wenn er die wichtigen Entscheidungen trifft.

Fassen Sie diese Meinungen zusammen.

Es ist vielleicht besser, die Meinungen der jungen Mädchen, der jungen Männer, der Ehefrauen und der Ehemänner zuerst getrennt zusammenzufassen. Danach ist eine allgemeine Zusammenfassung eher möglich.

Diese Meinungen sind auch zu diskutieren und zu debattieren — aber auf Deutsch, bitte!

Meinungen

1. 'Mit achtzehn war ich in der Lehre; dann war ich als Kontoristin tätig'. Wie stellen Sie sich diese Lehre vor?

2. Sie spricht von den Jahren 1932–33 als 'die schlimmen Jahre'. Hat sie vom deutschen ökonomischen Standpunkt recht?

3. War es richtig in der damaligen Situation nach Berlin zu gehen?

4. Wie waren die Verhältnisse in Berlin 1933–1939?

5. Wie wurde sie von der Familie, in deren Haushalt sie arbeitete, behandelt?

6. Aus welchen Gründen kehrte sie in ihre Heimatstadt zurück? Was hätten Sie in ihrem Fall gemacht?

7. Wie war damals ein Aufenthalt von dreiundeinhalb Jahren in Straßburg möglich?

8. Was für eine politische Bedeutung hat Straßburg heute für Europa? Welche Rolle könnte die Stadt in den nächsten 20 Jahren spielen?

9. Was sind die Vor- und Nachteile einer späten Heirat?

10. Soll eine jungverheiratete Frau nur Hausfrau sein?

11. Wie sollte eine Hausfrau das Wirtschaftsgeld einteilen?

12. Wieviel Wirtschaftsgeld prozentual zum Gesamteinkommen sollte eine Frau bekommen?

13. Sollte der Mann oder die Frau die Heizungs-, Licht-, Gas- und Wasserrechnungen bezahlen? Und wer die Miete?

14. Unter welchen Bedingungen sollte eine verheiratete Frau zur Arbeit gehen?

15. Soll im Haushaltsgeld gleichzeitig das Taschengeld enthalten sein?

16. Was ziehen Sie persönlich vor, Wanderjahre zu erleben oder fest in einer Stelle zu bleiben?

17. Sind Sie selbst ein unruhiger Geist?
18. Aus welchen Gründen heiratet man eigentlich?
19. Darf die Frau älter sein als der Mann?
20. Sollen Mann und Frau in der Ehe gleichberechtigt sein?

Transkription

Die folgenden Stücke von der originalen Tonbandaufnahme sind zu transkribieren:

1. Von 'Ja. Mit achtzehn . . . Da war ich in der Lehre . . .'
   bis . . . 'dann habe ich die Stelle gewechselt'.
2. Von 'Na! Ja! Jetzt gehe ich eben mal weg von Freiburg . . .'
   bis . . . 'Wir hatten sechs Kinder'.
3. Von 'Sie wurde wieder eingezogen als Lehrerin . . .'
   bis . . . 'das hat mir richtig Spaß gemacht'.

Bibliographie

Ludwig Reiners, *Fräulein, bitte zum Diktat.*
Eine humorvolle Plauderei über die Rechte, Pflichten, Möglichkeiten und Freiheiten der Sekretärin.
    List Taschenbuch, Nr. 14.

Alles über die Frauen. Was der Amerikaner Doktor Joseph H. Peck über die Frauen zu sagen hat.
    Deutscher Taschenbuch Verlag (DTV), Nr. 366.

Luise Rinser, *Mitte des Lebens.* Ein Roman in Briefen. Die seelische Unruhe der Zeit von 1929 bis zum Kriegsende wird hier geschildert.
    Fischer Bücherei, Nr. 256.

William L. Shirer, *Aufstieg und Fall des Dritten Reiches*, Bände 1 und 2, Knaur Taschenbücher Nr. 4–5.

7. DAS SCHULWESEN IN WESTDEUTSCHLAND I

Zusammenfassung

'Das Schulwesen in Deutschland' im kurzen zu beschreiben, ist keine leichte Aufgabe. Daß der Sprecher einen so klaren Überblick gibt, beweist sein Interesse an seinem Beruf. In dieser Tonbandaufnahme erwähnt er kurz die allgemeinbildenden Schulen: Volksschule, Mittelschule, Oberschule; die Fachschulen; die Universitäten und Hochschulen. Dann folgt eine Beschreibung der Volksschule und der Aufnahmeprüfung für die Mittelschule (zu Realschule umbenannt).

Seine Schulzeit verlebte er in Pommern. Nach dem Kriege studierte er an der Pädagogischen Hochschule in Kiel und wurde Lehrer in Schleswig-Holstein.

Er spricht klar, überlegt und bedächtig.

Frage und Antwort

Aufnahme 7

Lesen Sie bitte zunächst die Fragen durch, so daß Sie deren Bedeutung genau kennen. Hören Sie die Tonbandaufnahme 2–3 mal an, und beantworten Sie die Fragen entweder schriftlich oder mündlich.

1. Welche Arten von Schulen beschreibt der Sprecher?
2. Welche Art von Fachschulen werden von dem Sprecher genannt?
3. Mit wieviel Jahren beginnt die Schulpflicht in der Bundesrepublik?
4. Wann findet die sogenannte Übergangsprüfung statt?
5. Ist die Umschulung der Kinder von der Volksschule in die Mittelschule automatisch?
6. Wem und zu welchem Zweck reichen die Eltern einen Antrag auf Übergangsprüfung ein?
7. Worin besteht diese Prüfung im allgemeinen?
8. Ist die Übergangsprüfung für die Mittelschule und die Oberschule gleich?
9. Wie lange bleibt ein Schüler normalerweise in der Volksschule?

Gymnasium in Reinikendorf, West-Berlin

10. Was ist die Ober- und Unterstufe in der Volksschule?

11. Werden kluge Schüler und Schülerinnen ohne weiteres in die Oberschule umgeschult?

12. Was bedeutet der Ausdruck: 'Man verläßt die Oberschule mit der Reife'?

Fragen auf Tonband

Beantworten Sie bitte jetzt die Fragen, die Sie auf dem Tonband hören werden.

Sprachübung

Aufgabe 1 (*Drei Phasen*) Imperfekt (Präteritum): Passiv

Mustersatz: *Die allgemeinbildenden Schulen* wurden besprochen.

Leitwörter: 1. Die allgemeinbildenden Schulen . . .
2. Die Fachschulen für Ingenieurbildung . . .
3. Die Pädagogischen Hochschulen . . .
4. Die Übergangsprüfungen . . .
5. Die Schwierigkeitsgrade der Übergangsprüfung . . .
6. Die verschiedenen Schularten . . .

Aufgabe 2 (*Drei Phasen*) Zur Stellung der Infinitivgruppen

Mustersatz: *Er fing an, die Schularten zu beschreiben.*

Leitwörter: 1. die Schularten zu beschreiben
2. die weitere Ausbildung zu schildern

Volksschule, Hamburg

3. die weiterführende Ausbildung darzustellen
4. die Übergangsprüfung ausführlich zu beschreiben
5. die Anforderungen in der Prüfung darzulegen.

Aufgabe 3 (*Drei Phasen*)   Dativobjekte (Wiederholung)

Es gibt Verben, die ein Dativobjekt als einzige Ergänzung fordern.

Mustersatz: Mir *half keiner.*

Leitwörter: 1. half keiner
     2. blieb nichts übrig
     3. stand keiner bei
     4. gefielen beide Schulen
     5. fehlte keine Gelegenheit
     6. stand das nicht zu
     7. redete niemand zu
     8. sagte er alles zu
     9. stimmte keiner zu
    10. entging nichts

Aufgabe 4 (*Drei Phasen*)   Konditionalsätze

Mustersatz: *Falls der Schüler die Ausleseprüfung besteht*, wird er umgeschult.

Leitsätze: 1. Falls der Schüler die Ausleseprüfung besteht,
     2. Wenn der Schüler vier Schuljahre hinter sich hat,
     3. Falls der Schüler die Übergangsprüfung besteht,
     4. Falls seine Klassenlehrer und die Eltern einverstanden
      sind,
     5. Wenn seine Leistung befriedigend oder ausreichend ist,
     6. Wenn er überhaupt fähig ist,

Aufgabe 5 (*Drei Phasen*)   Konditionalsätze

Mustersatz: Die Ausbildung geht weiter, *wenn man vier Jahre in der Volksschule gewesen ist.*

Leitsätze: 1. wenn man vier Jahre in der Volksschule gewesen ist.
2. wenn man in die Mittelschule kommt.
3. falls man auf der Universität studieren will.
4. falls man eine Sonderausbildung haben will.
5. falls man eine Fachschule besuchen will.

Aufgabe 6 (*Vier Phasen*)   Deklination des Adjektivs

Die Sätze sind umzuändern, so daß das Adjektiv bei dem Substantiv als Attribut steht.

Zum Beispiel:

Sprecher: Solch ein Schüler ist schwer zu finden.
Der Schüler ist dumm und boshaft.

Student: *Solch ein dummer boshafter Schüler ist schwer zu finden.*

Die Satzpaare sind:
1. Solche Schulen sind überall zu finden.
Sie sind nett und modern eingerichtet.
2. In solcher Prüfung gibt es immer eine Rechenarbeit.
Die Prüfung ist gut durchdacht.
3. Die Arbeit vieler Schüler fällt gut aus.
Die Schüler sind strebsam.
4. Einige Studenten haben seelische Probleme.
Die Studenten sind oft jünger.
5. Etliche Studentinnen haben psychologische Probleme.
Die Studentinnen sind oft leichtsinnig.
6. Viele Studenten müssen sich nebenbei Geld verdienen.
Die Studenten sind äußerst fleißig.

Aufgabe 7 (*Vier Phasen*)   Pronomen

Die Behauptungen sind zu beantworten mit einer Wiederholung des Inhalts, aber bezogen auf eine andere Person.

Zum Beispiel:

Sprecher: Er begann seine Schulzeit in seinem sechsten Lebensjahr. Und sie (Singular)?

Student: *Sie begann ihre Schulzeit auch in ihrem sechsten Lebensjahr.*

Die Sätze sind:
1. Er begann seine Schulzeit im sechsten Lebensjahr.
Und sie (Singular)?
2. Sie blieb bis zu ihrem zwanzigsten Lebensjahr in der Oberschule?
Und er?

3. Sie entschlossen sich für eine akademische Ausbildung.
   Und wir?
4. Sie entschieden sich für eine technische Ausbildung.
   Und ihr?
5. Er trieb viel Sport während seiner Schulzeit. Und du?

Aufgabe 8 (*Vier Phasen*)   Deklination des Adjektivs

Die Sätze sind umzuändern, so daß das Adjektiv oder das Partizip bei dem Substantiv als Attribut steht. Beginnen Sie bitte mit den Wörtern: '*Ich kenne . . .*'

Zum Beispiel:

Sprecher: Die Schule ist neu gebaut.

Student: Ich kenne die neu gebaute Schule.

1. Die Turnhalle ist neu gebaut.
2. Manche Schulen sind gut eingerichtet.
3. Solche Schulen sind gut ausgestattet.
4. Einige Schulen sind mit Lehrern ausreichend besetzt.
5. Andere Schulen sind weniger gut besetzt.
6. Das Lyzeum ist in einer vornehmen Gegend gelegen.

Aufgabe 9 (*Vier Phasen*)   Imperfekt (Präteritum)

Die Verben sind vom Präsens ins Imperfekt umzusetzen, gleichzeitig sind die Fragen zu beantworten. Beginnen Sie bitte mit den Wörten: '*Nein. Voriges Jahr . . .*'

Zum Beispiel:

Sprecher: Geht das Kind dieses Jahr in die Volksschule?

Student: Nein. Voriges Jahr ging das Kind in die Volksschule.

1. Fängt das Kind dieses Jahr seine Schulzeit an?
2. Ist der Junge im vierten Schuljahr?
3. Macht er dieses Jahr seine Übergangsprüfung?
4. Kommt das Mädchen dieses Jahr in die Oberschule?
5. Geht ihre ältere Schwester dieses Jahr in die Unterprima?
6. Beendet sie dieses Jahr ihre Schulzeit?

Aufgabe 10 (*Vier Phasen*)   Imperfekt (Präteritum)
                                          Starke und unregelmäßige Verben

Die Verben sind vom Präsens in das Imperfekt umzusetzen.

Die Sätze sind:

1. Der Schuldirektor weist die älteren Schüler zurecht.
2. In jener Schule essen sie nicht zu Mittag.
3. Es gibt eine ganz kurze Mittagspause.
4. Sie genießen abends ihr Essen zu Hause.
5. Dieser Stundenplan gilt nicht mehr.

6. Der Schuldirektor rät den Schülern zu.
7. Der boshafte Schüler läßt sich sowieso von niemandem beraten.
8. Die Zeit vergeht schnell.
9. Es liegt viel an dem Schüler selbst.
10. Der Direktor trägt die größte Verantwortung.

Übung
in der Deutschen Sprache

Übung 1   außer und binnen

Die zutreffenden Wörter sind zu ergänzen.

1. Heute bin ich ganz außer m—.
2. Die kranke Frau ist jetzt außer all— Gefahr.
3. Diese Tatsache ist außer all— Zweifel.
4. Ich geriet außer m— vor Zorn.
5. Ich brauche eine Antwort binnen kurz—.
6. Wir müssen eine Antwort binnen d— nächsten acht Tagen haben.
7. Binnen acht Tag— müssen wir die Vorbereitungen treffen.
8. Zu diesem Arzt kann man außer d— Sprechstundenzeit gehen.
9. Binnen ein paar Woch— müssen wir die vorgesehenen Maßnahmen treffen.

Übung 2   Indefinitpronomen

Einige Indefinitpronomen weisen auf ein beschränktes Maß hin. Zum Beispiel: beide, einige, ein paar, etliche, manche, mehrere, viel(e), welche, wenig(e). Oft entstehen Deklinationsschwierigkeiten bei diesen Pronomen oder bei den nachfolgenden Adjektiven. Warum?

Die zutreffenden Wörter sind zu ergänzen:

1. Es gehört einig— Mut zu einer solchen Unternehmung.
2. Einige sein— Freunde wollen ihm helfen.
3. Es gab nur einig— hundert Zuschauer bei dem Volksfest.
4. Einige berühmt— Gäste nahmen daran teil.
5. Man hat etliche begeistert— Zuschauer erwartet.
6. Etliche fanatisch— Enthusiasten kamen aber zu dem Treffen.
7. Manch— vorzüglich— Tänzer und Tänzerinnen nahmen an dem Ball teil.
8. Manch— Tanz wurde vollendet vorgeführt.
9. Man sah viel— hiesig— Prominenten.
10. Beide einheimisch— Gutsbesitzer waren dabei.
11. Der Einfluß beid— war damals groß.
12. Die beid— Männer nahmen an dem Fest teil.
13. Die beid— tanzten mit ein paar hiesigen Mädchen.
14. Es kamen mehrere hübsch— Mädchen aus dem Ort.

15. Auf dem Lande gibt es mehrere bäuerlich— Feste.
16. Die Feste sind mit manch— alt— Sitten verbunden.
17. Das wenig— schön— Wetter hält schon seit langem an.
18. Man hat wenig— frei— Stunden.

Übung 3   Der Bau zusammengesetzter Wörter

Aus den folgenden Wörtern sind zusammengesetzte Wörter zu bilden.
In dieser Übung sind die Zusammensetzungen dreigliedrig.
Zum Beispiel: Haus   Frieden   Bruch = Hausfriedensbruch

Die Wörter sind:

Haus	Haltung	Schule
Haupt	Verkehr	Zeit
Kern	Ladung	Zahl
Versuch	Anstalt	Gebäude
prüfen	Stand	Gerät
Atom	Kern	Physik
Masse	Wirkung	Gesetz
Kohle	Wasser	Stoff
Kunst	Stoff	Molekül
Erde	Öl	Produktion
vier	Röhre	Gerät
vierzig	Stunde	Woche
Übergang	Jahr	Zeit
mindern	Wertigkeit	Komplex
nicht	Angriff	Pakt
nicht	Eisen	Metall
Eisen	Bahn	Brücke
hoch	Glanz	Politur
Wetter	vorher	Sage

Übung 4   Wortschatz

Was ist:

1. eine Volksschule
2. eine Realschule
3. eine Oberschule
4. eine Hochschule
5. eine Pädagogische Hochschule
6. eine Übergangsprüfung
7. der zweite Bildungsweg
8. die Ober- und Unterstufe in der Volksschule
9. das Abitur
10. eine Eignungsauslese?

Was tut:

1. ein Klassenlehrer
2. ein Lehrer eines Faches
3. eine junge Lehrerin
4. eine Bibliothekarin
5. ein Direktor
6. ein Rektor
7. ein Abiturient
8. ein Dozent
9. ein Professor
10. ein Lehrling?

Übung 5   **Konditionalsätze**

Es folgen Konditionalsätze, die durch zutreffende Hauptsätze zu vervollständigen sind. Das Thema ist *Das Schulwesen*.
Zum Beispiel:

Falls man die Übergangsprüfung besteht, . . .
Falls man die Übergangsprüfung besteht, geht man entweder in die Realschule oder gegebenenfalls in die Oberschule.

1. Falls der Schüler die Übergangsprüfung nicht besteht, . . .
2. Wenn die Schülerin keinen akademischen Kursus mitmachen möchte, . . .
3. Sofern der Schüler in der Volksschule bleiben möchte, ...
4. Wofern eine Schülerin vorwärtskommen will, . . .
5. Falls ein Schüler von der Volksschule in die Oberschule überwechseln will, . . .
6. Wenn die Eltern einen Antrag an den Kreisprüfungsausschuß stellen wollen, . . .
7. Wenn der Tag der ersten Prüfung herankommt, . . .
8. Sofern die Schüler und die Schülerinnen sich für eine weiterführende Schule nicht gemeldet haben, . . .
9. Sofern die Kinder nicht ausgewählt oder ausgesucht worden sind, . . .
10. Wofern die fortgeschrittenen Kinder so schnell wie möglich vorwärtskommen wollen, . . .
11. Wenn die Schüler und die Schülerinnen auf ihre Eignung geprüft worden sind, . . .
12. Falls alle drei schriftlichen Arbeiten genügen, . . .
13. Wenn diese Arbeiten, die an drei aufeinanderfolgenden Tagen geschrieben werden, zur Zufriedenheit ausfallen, . . .
14. Wenn diese Arbeiten 'befriedigend' oder 'ausreichend' sind, . . .
15. Falls das Kind von den Eltern für diese Schule angemeldet worden ist, . . .

16. Sofern die Kinder in der Volks- und Realschule 10 Schuljahre verbracht haben, . . .
17. Sofern die Eltern Rücksprache mit dem Klassenlehrer genommen haben, . . .
18. Wofern die Schüler die Oberschule für die vorgeschriebene Zeit besucht haben, . . .
19. Wenn die Schüler und die Schülerinnen in der Oberprima sind, . . .
20. Wenn sie das Abitur bestanden haben, . . .

Übung 6   Konditionalsätze

Die Hauptsätze in dieser Übung sind durch zutreffende Konditionalsätze zu vervollständigen. In Übung 5 steht der Gliedsatz (Nebensatz) an erster Stelle, in dieser Übung an zweiter Stelle. Das Thema ist immer noch *Das Schulwesen.*

Zum Beispiel:

Das Kind macht seine Schularbeit, wenn . . .
Das Kind macht seine Schularbeit, wenn es dazu angehalten wird.

1. Das Kind widmet sich der Schularbeit, sofern . . .
2. Das Kind gibt sich Mühe, wenn . . .
3. Die Konzentration des Kindes in der Volksschule ist gut, sofern . . .
4. Gespannte Aufmerksamkeit herrscht in einer Klasse, falls . . .
5. Gespannte Aufmerksamkeit herrscht in einer Klasse, wenn . . .
6. Es bestehen Arbeitsschwierigkeiten für einen vierzehnjährigen Schüler, wenn . . .
7. Schülerinnen erleiden einen Rückschlag, falls . . .
8. Es gibt keine Disziplin in einer Klasse, falls . . .
9. Es gibt keine Disziplinprobleme in einer Klasse, wenn . . .
10. Eine Glanzleistung auf einer Universität ist nur möglich, wenn . . .
11. Erfolg beim Abiturientenexamen ist erforderlich, falls . . .
12. Die Beherrschung eines Faches ist nur möglich für einen Studenten, wenn . . .
13. Ein umfangreiches Studium ist nur möglich für den Studenten, sofern . . .
14. Eine technische Ausbildung ist erforderlich, falls . . .
15. Das Besuchen einer Pädagogischen Hochschule ist notwendig, wenn . . .
16. Eine musische Bildung ist erforderlich, falls . . .
17. Eine gründliche technische Ausbildung ist nur möglich, wenn . . .
18. Die Ziele der Erziehung sind ersichtlich, wenn . . .

Übung 7   Konditionaladverbien

Konditionaladverbien (unter welcher Bedingung?) sind:
schlimmstenfalls, gegebenenfalls, günstigenfalls, nötigenfalls, andernfalls, sonst. In dieser Übung sind die Sätze zu vervollständigen. Konditionaladverbien sind nebenordnend.

Zum Beispiel:

Kommen Sie bitte zur rechten Zeit, sonst . . .
Kommen Sie bitte zur rechten Zeit, sonst fahren wir fort.

1. Wir sollten den Campingplatz erreichen, schlimmstenfalls . . .
2. Wir können ein kleines Hotel finden, gegebenenfalls . . .
3. Wir können irgendwelche Unterkünfte aussuchen, günstigenfalls . . .
4. Wir sollten irgendeine kleine Wirtschaft finden, nötigenfalls . . .
5. Wir müssen auf der Autobahn fahren, andernfalls . . .
6. Wir sollten schon um fünf Uhr ein Hotel suchen, sonst . . .

Übung 8   Satzbildung

Versuchen Sie bitte die 3 oder 4 kurzen Sätze in einen Satz zusammenzufassen:

1. (*a*) Auf gleicher Ebene sind die Hochschulen.
   (*b*) Die pädagogische Hochschule ist ein Beispiel.
   (*c*) Sie ist für die Lehrerbildung zuständig.

2. (*a*) Es gibt die tierärztliche Hochschule.
   (*b*) Es gibt nur eine in Hannover.
   (*c*) Sie ist für das ganze Bundesgebiet zuständig.

3. (*a*) Am Ende des vierten Schuljahres findet innerhalb der vierten
       Klasse eine sogenannte Übergangsprüfung statt.
   (*b*) Diese Prüfung ist eine Auslese.
   (*c*) Die Kinder werden herausgesucht oder ausgewählt.
   (*d*) Sie wechseln dann auf weiterführende Schulen über, also zur
       Realschule oder zur Oberschule.

4. (*a*) Der Tag der Prüfung kommt heran.
   (*b*) Alle Kinder werden auf ihre Eignung für eine weiterführende
       Schule geprüft — auch die Kinder, die sich nicht für eine weiter-
       führende Schule gemeldet haben.
   (*c*) Die zuletzt genannten Kinder wollen für die ganze Schulzeit in
       der Volksschule bleiben.

5. (*a*) Diese drei Arbeiten in der Prüfung sollen zur Zufriedenheit
       ausfallen.
   (*b*) Sie werden an drei aufeinanderfolgenden Tagen geschrieben.
   (*c*) Sie sollen zumindest 'befriedigend' oder 'ausreichend' sein.
   (*d*) Das Kind hat dann die Prüfung bestanden.

Übung 9   Zusammenfassung

Fassen Sie bitte die Ideen und Meinungen unter dem Titel *Teenager*
zusammen.

Lehrer, 54: Teenager? Teenager? Bei mir gibt es nur Schüler und
Schülerinnen. Es gibt keine derartige Sondergruppe. Die jungen Leute

von heute sind ernster, ehrlicher und strebsamer als früher, aber
gleichzeitig leichter abzulenken, weniger zielbewußt und zu oft ironisch.
Sie sind nicht besser — auch nicht schlechter als unsere Generation.

Lehrerin, 25: Es fehlt die Disziplin bei den Teenagern. In einer Klasse
mit dreizehn-, vierzehn- und fünfzehnjährigen müssen sie unterhalten
werden, sonst werden sie gleich unruhig und danach lästig. Sie sind
scheinbar nicht fähig, ernsthaft ein Studium durchzuführen. Gewiß, sie
reden frei und offen über Religion, Politik, Sex und über ihre Eltern.
Sobald sie mit fünfzehn oder sechzehn die Schule verlassen, benehmen
sie sich schon wie Erwachsene. Teenagerprobleme sind eine Darstellung
der sozialen Probleme unserer Zeit.

Lehrling, 16: Schule? Die Zeit ist längst vorbei. Sie wollten mir Rechenarbeit und Deutschunterricht und so was beibringen. In unserer Schule
hatten wir ein paar komische Lehrer und die Lehrerinnen waren
meistens grimmige alte Jungfern. Spaß, nur Spaß hatten wir! Das kann
ich dir sagen. Teenager? Ja. Ich bin Teenager. Ich verdiene jetzt mein
eigenes Geld. Ich bin für mich selbst völlig verantwortlich. Ein soziales
Gewissen? Was ist das für ein Ding?

Abiturient, 18: Die psychologischen Voraussetzungen kommen der
heutigen Jugend zugute. Die Teenager sind tatsächlich apart. Nicht nur
im Osten, sondern auch in Europa existiert eine kulturelle und soziale
Revolution. So habe ich gelesen. Teenager können neue Ideen anneh-
men: unsere Eltern nicht. Wir haben einen bestimmten Idealismus.
Warum sollten wir für unsere Eltern verantwortlich sein?

Mutter, 41: Meine Tochter ist jetzt 19 Jahre alt. Ganz gewiß gibt es
Teenager. Das wissen wir, weil wir darunter gelitten haben. Unsere
Gerdi ist kein schlechtes Mädchen. Leider haben wir keine Kontrolle
mehr. Sie redet frei und offen; sie ist ehrlich und anständig, aber sie ist
sehr eingebildet und egoistisch. Manchmal ist unsere Wohnung nur ein
Klub für die Teenager. Ältere Leute sind nicht erwünscht. Sie hat sich
kürzlich verlobt. Vielleicht wird für uns die Verlobung gleichzeitig eine
Lösung sein.

Die Meinungen sind zu diskutieren und zu debattieren. Auf Deutsch,
bitte!

Übung 10   **Gespräch**

Setzen Sie ein Gespräch zusammen, entweder mündlich oder schriftlich,
worin zwei oder drei Personen über Teenager erzählen und diskutieren.

Freie Universität, Berlin

Übung 11   Zusammenfassung

Fassen Sie bitte diesen Zeitungsartikel in nicht mehr als 120 Wörter zusammen:

Innere Emigration der Jugend? Probleme der Integration
Jugendlicher in die Gesellschaft.

'Es ist schwer für den jungen Menschen sich in der pluralistischen Gesellschaft zurechtzufinden. Er schwankt zwischen Spontaneität und Tradition; widersprechend sind seine Erlebnisse des "Du" und "Wir". Von dieser Erfahrung berichtet Dr. Philipp von Wambolt, Leiter der Primanerkurse im Franz-Hitze-Haus in Münster, in einer Untersuchung, die er unter dem Titel "Der Stand gesellschaftlicher Integration von Primanern" (Sonderdruck aus dem Jahrbuch 1964 des Instituts für christliche Sozialwissenschaften an der Universität Münster) aufgrund seiner mehrjährigen Tätigkeit in der außerschulischen Bildungsarbeit veröffentlichte.

In der umfassenden Analyse stellt er fest, daß bei zahlreichen Jugendlichen die Schwierigkeit bestehe, "sich mit der Tatsache abzufinden, daß Gesellschaft nicht existieren kann ohne Institutionalisierung ihrer selbst, ohne Bindung und Bestand von Vergesellschaftung nach Gesetzen und Regeln unter Einengung freier und spontaner Handelsweise". Geschriebene Satzungen werden vielfach als ein Zeichen eintretender Verkalkung angesehen, deren widerwillige Befolgung durch die ältere Generation als Kapitulation bezeichnet wird. Die meisten erkennen dennoch die Institutionen als notwendiges Übel an.

Als gefährlich wird eine Entfremdung von der Familie angesehen. Das Verhältnis zwischen den Heranwachsenden und den Eltern spielt für die gesellschaftliche Integration eine bedeutende Rolle. Die Eltern müßten den Mut haben, den jungen Primaner zum "Entwicklungsland" zu erklären, d.h. ihn wie einen Erwachsenen zu behandeln — mit der Bereitschaft, ihm bei Bedarf zu helfen. Andernfalls gingen die Kinder in die "innere Emigration".

Da die jungen Menschen mit der Schule als erster gesellschaftlich-staatlicher Institution in Verbindung treten, formen die Erlebnisse in ihr die Vorstellungen von Gesellschaft und Staat vor. Obwohl viele Primaner den Inhalt moderner Literatur noch nicht erfassen können, nehmen sie diese und ähnliche Aussagen der Kultur als Orientierungs-hilfen in Anspruch.

Die politische Integration vollzieht sich nur unter großen Schwierig-keiten, wenn auch das Interesse an politischen Fragen durch starke Beteiligung an Kursen mit politischen Themen gekennzeichnet ist. In bezug auf die neuere Zeitgeschichte scheint dabei ein Nachholbedarf vorzuliegen. Engere Kontakte zu politischen Parteien gehen Primaner dagegen nur vereinzelt ein (z.B. als Parteimitglied).'

Verkürzter Artikel aus der *Münsterschen Zeitung.*

Meinungen

1. Ist die Einteilung der allgemeinbildenden Schulen in drei Typen: Volks-, Real- und Oberschule dieselbe in allen Ländern der Bundesrepublik?

2. Welches Ministerium hat in den Ländern der Bundesrepublik (außer Hamburg, Westberlin und Bremen) die Aufsicht über die Schulen?

3. Trägt die Stadt oder die Gemeinde auch eine Verantwortung?

4. Wann fängt das Schuljahr an? Wie viele Schultage gibt es in einer Woche?

5. Inwiefern sind die Länder für die Schulen und Schulprogramme verantwortlich?

6. Inwiefern übt die Bundesregierung eine Aufsicht über die Schulen in den Ländern aus?

7. Machen Sie bitte eine statistische Darstellung über die Schulen, die Schüler und Schülerinnen und die Lehrer in der Bundesrepublik, für eine Zeit von fünf Jahren.

8. Wie wird der normale Schultag eingeteilt?

9. In welchem Lebensjahr fängt die Schulzeit eines Kindes an, und wie lange muß ein Kind zur Schule gehen?

10. Wie lange muß ein Kind in der Volksschule bleiben und welche Fächer werden unterrichtet?

11. Wie lange muß ein Kind in der Real- oder Oberschule bleiben und welche Fächer werden unterrichtet?

12. Was ist: (1) Ein Gymnasium
    (2) ein Lyzeum
    (3) eine Einheitsschule?

13. Was ist das Abitur?

14. Inwiefern nehmen die Eltern an der Schulerziehung des Kindes teil?

15. Was ist der Unterschied zwischen einer Berufsschule und einer Fachschule?

16. Was ist das Ziel einer Fachschule?

17. Was für Bildungsmöglichkeiten gibt es für Erwachsene?

18. Wo liegen die deutschen Universitäten und welche Fakultäten besitzt jede?

Transkription

Die folgenden Stücke von der originalen Tonbandaufnahme sind zu transkribieren:

1. Von 'Zu den allgemeinbildenden Schulen gehört die Volksschule' . . .
   bis . . . 'die für die Lehrerbildung zuständig ist.'

2. Von 'Allgemein besteht diese Prüfung aus' . . .
   bis . . . 'dann hat das Kind die Prüfung bestanden.'

Bibliographie

Gerhard Priesemann, *Unsere Schulen: Ein Ratgeber für Eltern und Schüler*, Fischer Bücherei, Nr. 757.

Walther Hemsing, *Die Jugend und Charaktererziehung*, Goldmann Taschenbuch, Nr. 1322.

Germany Reports, published by the Press and Information Office of the Federal Government. Distribution: Franz Steiner Verlag, Wiesbaden, Bahnhofstraße 39. (Chapter on Education for details and statistics.)

Ludwig Thoma, *Die Lausbubengeschichten*, Rowohlt Taschenbuch, Nr. 63. Humorvolle Geschichten.

N.B.: (1971) Das Schulsystem der Bundesrepublik wird neu erwogen. Die Mittelschule ist jetzt überall Realschule genannt. Auf den originalen Tonbändern aber bleibt das Wort 'Mittelschule' bei.

8. DAS SCHULWESEN IN WESTDEUTSCHLAND II

Zusammenfassung

Der Sprecher der vorigen Tonbandaufnahme fährt fort. Er befaßt sich diesmal in kurzem mit vier verschiedenen Themen: die Berufswahl und das weitere Fortkommen des Kindes, Unterschiede zwischen einem Gymnasium und einem Lyzeum, Privatschulen und Internate in Deutschland.

Frage und Antwort

Aufnahme 8

Bitte lesen Sie zunächst die Fragen durch, so daß Sie deren Bedeutung genau kennen. Hören Sie die Tonbandaufnahme 2–3 mal an und beantworten Sie die Fragen entweder schriftlich oder mündlich.

1. Worauf ist die Ausbildung in der Volksschule gerichtet?
2. Welche Berufe kommen für Volksschüler hauptsächlich in Betracht?
3. Wie können sie ihre Ausbildung erweitern?
4. Was für Berufe ergreifen die Realschüler?
5. Wie können sie sich im Beruf weiterbilden?
6. Was ist im allgemeinen das Ziel der Oberschule?
7. Wie lange dauert ein Studium an der Universität?
8. Warum ist die Zeitdauer des Universitätsstudiums unterschiedlich?
9. Was ist der Unterschied zwischen einem Gymnasium und einem Lyzeum?
10. Inwiefern ist der Lehrstoff in einem Gymnasium anders als in einem Lyzeum?
11. Was hält der Sprecher von den deutschen Privatschulen?
12. Was beeinflußt nach den Worten des Sprechers die Versetzungen in einer Privatschule?
13. Warum werden Zeugnisse von Privatschulen nicht sehr hoch bewertet?

14. Was für Kinder werden meistens in einem deutschen Internat erzogen?

15. Schätzt der Sprecher ein Internat höher als eine Privatschule?

16. Welche Eltern schicken ihre Kinder in ein Internat?

Fragen auf Tonband

Beantworten Sie bitte jetzt die Fragen, die Sie auf dem Tonband hören werden.

Sprachübung

Aufgabe 1 (*Drei Phasen*)   Wörter

Mustersatz: Volksschulen haben *im wesentlichen* gleiche Lehrprogramme.

Leitwörter: 1. im wesentlichen
               2. im Grunde
               3. im großen und ganzen
               4. , was den täglichen Stoffplan anbetrifft,
               5. , in Anbetracht des gleichen Ziels,
               6. , ohne Rücksicht auf die Verschiedenartigkeit der Kinder,

Aufgabe 2 (*Drei Phasen*)   Daß-Sätze

Mustersatz: Tatsache ist, *daß in den Lyzeen vorwiegend Sprachen gelehrt werden.*

Leitsätze: 1. daß in den Lyzeen vorwiegend Sprachen gelehrt werden.
               2. daß es nicht viele Privatschulen in der Bundesrepublik gibt.
               3. daß viele Abiturienten an einer Universität studieren.
               4. daß die Studiendauer je nach dem Studienfach recht verschieden ist.
               5. daß die Zahl der Studierenden immer größer wird.

Aufgabe 3 (*Drei Phasen*)   Daß-Sätze

Mustersatz: Es ist erwiesen, *daß der Sprecher die Privatschulen nicht hoch einschätzt.*

Leitsätze: 1. daß der Sprecher die Privatschulen nicht hoch einschätzt.
               2. daß nur eine Minderheit einem strengen akademischen Kursus folgen kann.
               3. daß die Schulen auch für die Berufswahl der jungen Leute sorgen.

4. daß es anschließende Abendkurse für die jungen Leute
   gibt.
5. daß mindestens acht Semester vor dem ersten Examen
   abgelegt werden müssen.

Aufgabe 4 (*Drei Phasen*)   Perfekt: Passiv

Mustersatz: *Die Lehrpläne* sind im voraus festgelegt worden.
Leitwörter: 1. Die Lehrpläne
             2. die Stundenpläne
             3. die Daten der Ferien
             4. die Unterrichtspläne
             5. die Arbeiten für die Übergangsprüfung
             6. die anschließenden Abendkurse für die Mittelschüler

Aufgabe 5 (*Drei Phasen*)   Konzessivsätze

Mustersatz: Ein intelligenter Schüler kommt nicht immer vorwärts,
auch wenn er dem Unterricht folgt.

Leitsätze: 1. auch wenn er dem Unterricht folgt.
             2. obgleich er das Material hat.
             3. wenngleich er Bücher aus der Bibliothek holt.
             4. auch wenn er abends noch studiert.
             5. obschon er den Unfug seiner Klassenkameraden nicht
                mitmacht.
             6. obwohl er die Unterstützung der Eltern hat.

Aufgabe 6 (*Vier Phasen*)   Personalpronomen: du

Die Anredeform ist von *Sie* in *du* umzuändern. Die Person wird in der
vertraulich-familiären Form angesprochen.

Die Sätze sind:

1. Vergessen Sie immer Ihre Schulaufgaben?
2. Treffen Sie jeden Morgen Ihren Schulkameraden an derselben
   Stelle?
3. Stehen Sie immer auf der Seite Ihrer Schwester?
4. Wissen Sie was Ihnen bevorsteht?
5. Werfen Sie einen Blick in die Zeitungen?
6. Was halten Sie von Ihrem Klassenlehrer?
7. Essen Sie in der Schule zu Mittag?
8. Helfen Sie Ihrer Schwester bei der Schularbeit?
9. Wie heißen Sie bitte?
10. Dürfen Sie spät nach Hause kommen?

Aufgabe 7 (*Vier Phasen*)   Das Perfekt

Die Verben sind vom Präsens in das Perfekt umzusetzen.

Die Sätze sind:

1. Wir setzen unser Studium im Herbst fort.
2. In unseren wissenschaftlichen Studien schreiten wir fort.
3. Endlich kommen wir in diesen Abendkursus!
4. Am Ende des Kursus reisen wir ab.
5. Am letzten Tag des Kursus bleiben wir weg.
6. Wir kommen im Sprachunterricht mit!
7. Wir nehmen unsere Schulbücher mit in die Ferien.
8. Viele Überstunden stehen uns bevor.
9. Wir kommen im September aus den Alpen zurück.
10. Wir lernen nie aus!

Aufgabe 8 (*Vier Phasen*)   Deklination des Adjektivs

Bilden Sie bitte einen Satz aus zwei Sätzen.

Zum Beispiel:

Sprecher: Alle Kinder gehen zunächst in die Volksschule.
           Die Kinder sind sechsjährig.

Student: Alle sechsjährigen Kinder gehen zunächst in die Volksschule.

Die Satzpaare sind:

1. Manche Kinder werden in die Mittelschule umgeschult.
   Diese Kinder sind gewandt.
2. Wenige Kinder bleiben in der Volksschule.
   Diese Kinder sind nicht so gewandt.

Schüler und Schülerinnen in einer Volksschule, West-Berlin

3. Etliche Kinder gehen in die Oberschule.
Diese Kinder sind meist begabt.

4. Andere Kinder bleiben in der Mittelschule.
Diese Kinder sind praktisch und gewandt.

5. Wenige Studenten können eine Höchstleistung auf der Universität vollbringen.
Diese Studenten sind äußerst begabt.

Aufgabe 9 (*Vier Phasen*)   Perfekt: Passiv

Setzen Sie bitte die Verben vom Aktiv ins Passiv um.

Zum Beispiel:

Sprecher: Man hat den Schultag um sieben Uhr begonnen.

Student: Der Schultag ist um sieben Uhr begonnen worden.

1. Man hat den Beginn des Schuljahres 1967 geändert.
2. Man hat den Stoffplan schon vorbereitet.
3. Man hat die Ausbildungskurse darauf ausgerichtet.
4. Man hat anschließende Abendkurse empfohlen.
5. Man hat ein besseres berufliches Fortkommen geplant.
6. Man hat gewisse Berufe im Auge behalten.
7. Man hat das Wissen und das Können der Kinder in Betracht gezogen.
8. Man hat praktische Arbeiten für die Volksschüler ausgesucht.
9. Man hat die Oberschüler zu akademischen Berufen herangebildet.
10. Man hat erfahrungsgemäß drei Schultypen gebildet.

Aufgabe 10 (*Vier Phasen*)   Wortstellung in einem
Gliedsatz (Nebensatz)

Die folgenden Behauptungen sind nach einem Hauptsatz 'Es ist klar, daß' ... zu wiederholen.

Zum Beispiel:

Sprecher: Das weitere Fortkommen des Kindes ist wichtig.

Student: Es ist klar, daß das weitere Fortkommen des Kindes wichtig ist.

Die Behauptungen sind:

1. In manchen Gymnasien werden die naturwissenschaftlichen Fächer stärker betont.
2. Die Mädchen haben die gleichen Möglichkeiten, Sprachen zu lernen.
3. Die Jungen nutzen mehr die Gelegenheit, Naturwissenschaften zu studieren.
4. Die Anforderungen in den Oberschulen sind groß.

Übung
in der Deutschen Sprache

Übung 1   Partizipien und substantivierte Adjektive

Ergänzen Sie bitte die zutreffenden Wörter:

1. Er ist aber ein Aufgeweckt—!
2. Sein Bruder ist ein Angestellt— in einer Bank.
3. Der staatliche Lehrer in Deutschland ist ein Beamt—.
4. Die Beamt— werden von dem Staat oder von dem Land bezahlt.
5. Viele Deutsch— verbringen ihre Ferien im Ausland.
6. Mancher Deutsch— reist ins Ausland.
7. 'Wir Deutsch— reisen gern', sagt der Lehrer.
8. Der Beruf eines Angestellt— ist nichts für mich, stellte der Junge fest.
9. Über vierzig Delegiert— nahmen an der Konferenz teil.
10. Über diese Konferenz sagte man nichts Gut—.
11. Etliche Studierend— nahmen daran teil.
12. Jeder Studierend— muß ein Examen machen.
13. Den Namen dieses Abiturient— habe ich vergessen.
14. Die Namen der zwei Studierend— habe ich auch vergessen.
15. Er ging zu der Vorlesung mit seiner Bekannt—.
16. Sie ging mit ihrem Bekannt—.
17. Der Vortragend— sprach deutlich.
18. Die Stimme des Vortragend— war klar.
19. Sein Bruder ist ein Vertraut— des Rektors.
20. Ich kenne diesen Vertraut— nicht.

Übung 2   Konzessivadverbien

Konzessivadverbien sind: *jedenfalls, trotzdem* und *gleichwohl*. Setzen Sie bitte eines der drei Adverbien in die folgenden Sätze.

Zum Beispiel:

Die Eltern schickten das Kind in eine Privatschule.
Die Eltern schickten das Kind trotzdem in eine Privatschule.

1. Die Kinder in einem Internat sollten eine gründliche Ausbildung erhalten.
2. Die Kinder bekommen meistens eine strenge Erziehung.
3. Die Eltern kümmern sich nicht viel um die Schularbeiten des Kindes.
4. Ein Internat bietet den Eltern die Gewißheit, daß das Kind einen guten Schulabschluß hat.
5. Sie haben auch die Aussicht, daß das Kind einen tüchtigen Beruf ergreift.
6. Das Kind bekommt eine recht gründliche Ausbildung.

Warum haben Sie das betreffende Adverb gewählt?

Übung 3   Der Bau zusammengesetzter Wörter

Bei den Verben gibt es feste und unfeste Zusammensetzungen.

Zum Beispiel:

fest: beschreiben   er beschreibt etwas
unfest: mitgehen   er geht mit

Lesen Sie bitte diese Verben und Sätze vor und stellen Sie nachher fest, ob es Grundprinzipien für die Betonung dieser Verben gibt oder nicht.

besichtigen	Er besichtigt das Lager.
zerstören	Das Gebäude wurde völlig zerstört.
vorführen	Das Programm wurde vorgeführt.
verteilen	Man verteilt die Hausarbeit.
überwachen	Man überwacht die Schulung.
nachkommen	Kommen Sie mal nach!
besiedeln	Das Land wurde besiedelt.
abhören	Der Lehrer hört das Kind ab.
zuhören	Das Kind hört dem Lehrer zu.
verstehen	Haben Sie gut verstanden?
enthalten	Was enthielt diese Mappe?
überwerfen	Sie wirft einen Mantel über.
aufstehen	Die Teilnehmer stehen auf.
wahrnehmen	Er nimmt die Gelegenheit wahr.
ergreifen	Er ergriff den Beruf.
übervölkern	Vielleicht ist das Ruhrgebiet übervölkert.
übersetzen	Die Fähre setzt die Passagiere über.
losgehen	Das Schuljahr ging bald los.

Sprachlabor, Odenwaldschule in Oberhambach/über Heppenheim (Bergstraße)

übersetzen	Man übersetzt frei oder wörtlich.
entnehmen	Das Zitat wurde aus diesem Buch entnommen.
vorkommen	Ausnahmen kommen immer vor.
hochhalten	Sie halten das Plakat hoch.
erheben	Das Finanzamt hat die Steuer erhoben.
niederreißen	Das alte Gebäude wurde niedergerissen.
mißbrauchen	Wörter werden mißbraucht.
umziehen	Sie ziehen sich um.
mißachten	Die Nachbarn werden oft mißachtet.
nachdenken	Denken Sie darüber nach!

Jetzt beschreiben Sie die Betonung bitte!

Übung 4   Imperativ: 2. Person Singular
Geben Sie bitte den nötigen Befehl, die Mahnung, das Verbot usw. an ein nur in der Vorstellung vorhandenes Kind.

Zum Beispiel:

Das Kind soll etwas aus dem Mund nehmen.
Nimm das aus dem Mund!

Das Kind soll:

1. etwas auslassen
2. ruhig einschlafen
3. zu Bett gehen
4. etwas abgeben
5. alles aufessen
6. nicht fallen
7. immer 'Bitte' sagen
8. im Garten bleiben
9. das Spielzeug suchen
10. von dem Ofen weggehen
11. Mutti helfen
12. den Hund in Ruhe lassen
13. den Stuhl zurückschieben
14. Vatis Buch zurücklegen
15. artig sein
16. die Hände waschen
17. das Spielzeug nicht verlieren
18. den Wurm wegwerfen
19. ruhig sitzen
20. die Tür aufmachen.

Übung 5   Konzessivsätze
Diese Sätze sind zu vervollständigen:

1. Eltern schicken ihre Kinder in die nächste Schule, obwohl . . .
2. Eltern können ihre Kinder leicht ermutigen, wenngleich . . .

3. Die Aufmunterung eines Kindes ist sehr wichtig, wennschon . . .
4. Das Kind soll eine gewisse Ungestörtheit zu Hause haben um die Hausarbeit zu machen, obgleich . . .
5. Beständigkeit ist erforderlich, um eine Spitzenleistung zu erreichen, obwohl . . .
6. Das Zuhausesein ist besser für manche Kinder als das Internat, wenn auch . . .
7. Normalerweise kümmert sich das Kind um die Schularbeit, obgleich . . .
8. Die Zahlungsfähigkeit des Vaters spielt eine Rolle in den Privatschulen, obwohl . . .
9. Die Eltern erwarten oft die Zeugnisse des älteren Schülers mit Spannung, wenngleich . . .
10. Eltern haben die Verantwortung für die Erziehung des Kindes, obgleich . . .

Übung 6   Präpositionalobjekte

Es gibt Verben, die ein Akkusativ- und ein Präpositionalobjekt fordern. Schwer zu wählen ist oft die Präposition, obwohl durch langen Usus nur eine bestimmte Präposition gewählt werden kann. In dieser Übung fehlen solche Präpositionen. Lesen Sie bitte die Sätze mit den entsprechenden Präpositionen vor.

1. Der Lehrer übt einen merkwürdigen Einfluß — Kinder aus.
2. Sie werden allmählich — einer solchen Einsicht gebracht.
3. Man bewahrt Kinder — schlechten Einflüssen.
4. Einige finden Vergnügen — ihrer Schularbeit.
5. Andere legen keinen Wert — ihre Arbeit.
6. Der eine überredet den anderen — einer Dummheit.
7. Ein Sprachlehrer macht Gebrauch — Tonfilmen.
8. Diese Geräte entlasten den Lehrer — vieler Arbeit.
9. Der Klassenlehrer kann — Rektor gewählt werden.
10. Man warnt Kinder oft — Unfug.
11. Man verwendet viel Mühe — das Unterrichten.
12. Ein Vater verteilt Geld — seine drei Kinder.
13. Er richtet eine Frage — alle drei.
14. Sie verabreden sich — einander.
15. Die Eltern weisen ihre Kinder — eine Gefahr hin.
16. Sie ersuchen ihre Eltern — etwas Geld.
17. Sie orientieren ein Kind — feines Benehmen.
18. Wenn die Eltern Glück haben, interessieren sich ihre Kinder — feines Benehmen.
19. Teenager belasten sich kaum — solchen Ansichten.
20. Sie beurteilen oft ihre Eltern — dem Rat, den sie angeboten haben.
21. Fragen die Teenager ihre Eltern oft — Rat?
22. Nehmen sie Rücksicht — ihre Eltern?

23. Nehmen sie überhaupt Notiz — ihnen?
24. Sie gewöhnen sich schnell — ein freies Leben.
25. Sie ersehen ihre Lebenweise — eigener Erfahrung.
26. Sie fühlen, daß sie Recht — dieser Lebensweise haben.
27. Sie beschränken sich — ein inneres Gefühl.
28. Sie entlasten sich — ihrem schlechten Gewissen.
29. Sie bitten ihre Eltern selten — Hilfe.
  Lesen Sie die Sätze einmal durch. Sind Sie mit diesen festen Beurteilungen völlig einverstanden?

Übung 7   Personalpronomen: du
Wann schreibt man *Du* groß? Und wann schreibt man *du* klein? (Groß- und Kleinschreibung.)
  Wie würden Sie DU in den folgenden Fällen schreiben, groß oder klein?
1. in einem Brief an eine Freundin
2. in einem Werbetext
3. in der schriftlichen Wiedergabe einer Ansprache
4. auf Fragebogen
5. in einem Wahlaufruf
6. wenn eine Person direkt angesprochen wird.

Übung 8   Die Satzarten
                                                Perfekt: Passiv
Es gibt vier Satzarten; davon kommen drei in dieser Übung vor:
1. den Aussagesatz   (Er ist gekommen.)
2. den Ausrufungssatz   (Er ist gekommen!)
3. den Fragesatz   (Er ist gekommen?)
  Lesen Sie bitte die folgenden Sätze dreimal vor: erstens als Aussage- sätze, zweitens als Ausrufungssätze und drittens als Fragesätze.
1. Drei Flaschen Wein sind getrunken worden.
2. Kein einziges Stück Käse ist gegessen worden.
3. Kein einziges Wort ist beim Essen gesprochen worden.
4. Zwei Hühner sind gebraten worden.
5. Einige Torten sind gebacken worden.
6. Ein feierlicher Abend ist begangen worden.
7. Neue Freundschaften sind geschlossen worden.
8. Einige Handelsverträge sind auch abgeschlossen worden.
9. Ein neues Projekt ist auch geplant worden.
10. Der Entwurf eines neuen Gerätes ist auch vorgeführt worden.

Übung 9   Zusammenfassung
Fassen Sie bitte diesen Zeitungsartikel in nicht mehr als 100 Wörter zusammen und geben Sie ihm einen Titel:
'Nur die Minderheit der deutschen Studenten "wandert". Neue

Untersuchungen über die Herkunft der Studenten und ihr Verhalten zu den Standorten der Hochschulen haben vielmehr ergeben, daß die meisten deutschen Studierenden "bildungsseßhaft" sind. Sie ziehen die nächstliegende Hochschule vor, gleich, ob es eine Universität oder eine Technische Hochschule ist. In Nordrhein-Westfalen stammen allein 80 Prozent der an dortigen Hochschulen Immatrikulierten aus dem Lande selbst. In Köln sind es 87 Prozent, in Münster 81 und in Bonn und Aachen je 76 Prozent. Auch 81 Prozent der Studierenden der Medizinischen Akademie Düsseldorf kommen aus Nordrhein-Westfalen.

Die Herkunft ist nicht gleichmäßig, vielmehr werden alle Hochschulen von Regionen umgeben, aus Kreisen, aus denen mindestens 30 Prozent der ansässigen Studenten an der nahen Universität oder mindestens 12 Prozent an der Technischen Hochschule studieren. Über diese Einzelheiten ist in der Arbeit von Dr. Clemens Geißler "Hochschulstandorte-Hochschulbesuch", herausgegeben vom Institut für Städtebau, Wohnungswesen und Landesplanung an der TH Hannover, näheres zu erfahren.

. . .

Die Region Münster dehnt sich nach Ostfriesland und im Süden und Südosten ins Sauerland hinein aus, umfaßt aber nicht das Ruhrgebiet und bleibt auch vor Ostwestfalen-Lippe stehen.

Die Region der Technischen Hochschule reicht längs der Grenze vom Niederrhein bis nach Trier und auch etwas das Ruhrtal hinauf.

Was bleibt, sind "hochschulferne" Zonen, darunter die meisten Ruhr-Großstädte, im ganzen fünf Millionen Menschen. Die Einwohner dieser Landstriche stellen 2,7 Studenten auf 1000 Einwohner gegenüber vier je Tausend der Hochschulregionen. Geißler vermutet daher, daß "Begabungen fehlgeleitet und Neigungen unterdrückt werden". Nordrhein-Westfalen habe vor allem Aufgaben im Hinblick auf die Unter-Repräsentation der Studierenden in den Städten, in denen die Hälfte der Gesamtbevölkerung des Landes wohnt.

. . .

Im Kultusministerium wird dieser Nachholbedarf als unstreitbar anerkannt. Die Kapazität werde um 30 000 Studenten gesteigert'.

Aus der *Münsterschen Zeitung/Westfalen*.

Übung 10   Gespräch

Setzen Sie ein Gespräch zusammen, entweder mündlich oder schriftlich, worin drei/vier Studenten/Studentinnen die Gründe ihrer Auswahl von Universität/Hochschule diskutieren.

Übung 11

Geben Sie bitte diese kleine Geschichte aus 'Die Lausbubengeschichten' von Ludwig Thoma in Ihren eigenen Worten wieder:

'Einmal mußte ich eine Arithmetikaufgabe machen. Die brachte ich nicht zusammen, und da fragte ich den Onkel, weil er zu meiner Mutter gesagt hatte, daß er mir nachhelfen will. Und die Tante hat auch gesagt, daß der Onkel so gescheit ist, und daß ich viel lernen kann bei ihm. Deswegen habe ich ihn gebeten, daß er mir hilft, und er hat sie dann gelesen und gesagt: "Kannst du schon wieder nichts, du nichtsnutziger Lausbub? Das ist doch ganz leicht."

Und dann hat er sich hingesetzt und hat es probiert. Es ging aber gar nicht schnell. Er rechnete den ganzen Nachmittag, und wie ich ihn fragte, ob er es noch nicht fertig hat, schimpft er mich fürchterlich und war sehr grob. Erst vor dem Essen brachte er nur die Rechnung und sagte: "Jetzt kannst du es abschreiben; es war doch ganz leicht aber ich habe noch etwas anderes tun müssen, du Dummkopf."

Ich habe es abgeschrieben und dem Professor gegeben. Am Donnerstag kam die Aufgabe heraus, und ich meinte, daß ich einen Einser kriege. Es war aber wieder ein Vierer, und das ganze Blatt war rot und der Professor sagte: "So eine dumme Rechnung kann bloß ein Esel machen."

"Das war mein Onkel", sagte ich, "der hat es gemacht, und ich habe es bloß abgeschrieben."

Die ganze Klasse hat gelacht, und der Professor wurde aber rot.

"Du bist ein gemeiner Lügner", sagte er, "und du wirst noch im Zuchthaus enden." Dann sperrte er mich zwei Stunden ein.'

Meinungen

1. Inwiefern sollen Eltern und Lehrer die Berufswahl junger Leute beeinflußen?

2. Wer ist für das Fortkommen eines Kindes verantwortlich?

3. Was sind die Vor- und Nachteile von Abendkursen?

4. Was sind die Unterschiede zwischen einem Beruf und einer Lohnarbeit?

5. Was ist ein 'praktischer' Mensch?

6. Was sind handwerkliche Berufe? Was für Möglichkeiten bieten sie?

7. Was sind fachliche Berufe? Was für Möglichkeiten bieten sie?

8. Was sind akademische Berufe? Was bieten sie?

9. Warum werden die Fächer: Mathematik, Physik und Chemie stark betont?

10. Sind Mädchen mehr für die sprachlichen Fächer interessiert als Jungen?

11. Sollten gleiche Anforderungen an Schüler und Schülerinnen gestellt werden?

12. Was ist Ihre Meinung über Privatschulen?

Neue Landesbibliothek und Konzert- und Kongreßhalle, Kiel

13. Was ist Ihre Meinung über Internate?

14. Warum schicken Eltern ihre Kinder in ein Internat, Ihrer Meinung nach?

15. Welche Rolle spielen die Kirchen im Schulwesen?

16. Welche Rolle kann eine gute Bibliothek im weiteren Fortkommen eines Erwachsenen spielen?

17. Wie sind die Bibliotheken in Deutschland?

18. Was sind die Vor- und Nachteile des Schulwesens in Deutschland?

Transkription

Die folgenden Stücke von der originalen Tonbandaufnahme sind zu transkribieren:

1. Von 'Die Volksschule hat ihre Ausbildungskurse . . .'
   bis . . . 'oder Facharbeiterberufe.'

2. Von 'Außerdem gehen viele Mittelschüler ins Büro . . .'
   bis . . . 'entspricht.'

3. Von 'Doch in der Regel . . .'
   bis . . . 'ehe das erste Examen abgelegt werden kann.'

Bibliographie

Siehe Bibliographie im siebenten Stück.

9. EINE MODERNE VOLKSHOCHSCHULE

Zusammenfassung

Mit seinen fast 70 Jahren wurde der Sprecher zum Professor und Leiter der Volkshochschule in Regensburg ernannt. Wie er eine moderne Volkshochschule aufgebaut hat, beschreibt er auf diesem Tonband. Sein Rezept war: "Man braucht nicht nur das *Wissen*, sondern auch das *Können* und die *Förderung seiner Gesundheit*. Bildung muß durch eigenes *Mittun* stattfinden." Dieses Rezept durchzuführen war gar nicht so einfach, und er beschreibt die Überwindung seiner ersten Probleme.

Frage und Antwort

Aufnahme 9
Lesen Sie bitte zunächst die Fragen durch, so daß Sie deren Bedeutung

Volkshochschule — Nähkursus

genau kennen. Hören Sie die Tonbandaufnahme 2–3 mal an und beantworten Sie die Fragen entweder schriftlich oder mündlich.

1. Vor wieviel Jahren hat man dem Herrn Professor die Leitung der Volkshochschule übertragen?
2. Wie lange hat er sich das Angebot überlegt?
3. Worin bestand seiner Meinung nach die Schwäche der deutschen Volkshochschulen?
4. Worin lag diese Einseitigkeit, seiner Meinung nach?
5. Was war sein neues Aufbauprogramm?
6. Welche Lebensgebiete waren in seinem neuen Aufbauprogramm enthalten?
7. Wie wurden die ersten technischen Kurse angesehen?
8. Welche Art von Frauenkursen sind eingeführt worden?
9. Was ist die 'Junge Generation'?
10. In welche Richtung haben sich seine Lehrmethoden in letzter Zeit verschoben?
11. Was versteht er unter einer 'Arbeitsgemeinschaft'?

Fragen auf Tonband

Beantworten Sie bitte jetzt die Fragen, die Sie auf dem Tonband hören werden.

Sprachübung

Aufgabe 1 (*Drei Phasen*)   **1. Futur**

Mustersatz: In der Volkshochschule *werde ich weiter studieren.*

Leitwörter: 1. werde ich weiter studieren
             2. werde ich mich weiterbilden
             3. wird sie andere Leute kennenlernen
             4. wird er eine technische Ausbildung bekommen
             5. werden wir an einer Arbeitsgemeinschaft teilnehmen
             6. werden im kommenden Jahr viele Abendkurse stattfinden.

Aufgabe 2 (*Drei Phasen*)   **Seit und während**

Mustersatz: *Seit einigen Jahren* wird dort gearbeitet.

Leitwörter: 1. Seit einigen Jahren
             2. seit voriger Woche
             3. während der Mittagspause
             4. während der ganzen Woche

5. seit letztem Montag
6. während des Vormittags

Aufgabe 3 (*Drei Phasen*)   Daß-Sätze

Mustersatz: *Daß es eine wichtige Aufgabe ist*, wird sich gleich heraus-
stellen.

Leitsätze: 1. Daß es eine wichtige Aufgabe ist,
                  2. daß es eine kulturelle Aufgabe ist,
                  3. daß man eine universale Einstellung braucht,
                  4. daß eine feste Richtung vorgeschrieben sein muß,
                  5. daß die heutige Bevölkerung eine andere Einstellung
                     hat,
                  6. daß eine Arbeitsgemeinschaft möglich ist,

Aufgabe 4 (*Drei Phasen*)   Daß-Sätze

Mustersatz: Hoffentlich werde ich feststellen können, *daß diese
               Aufgabe leicht ist*.

Leitsätze: 1. daß diese Aufgabe leicht ist
                  2. daß ich meine Sprachstudien weiter fortführen kann
                  3. daß die Kurse universal eingestellt sind
                  4. daß der Abendkursus Anklang gefunden hat
                  5. daß die Sprachkurse auch abends stattfinden
                  6. daß meine Sprachfertigkeit ausreichend ist.

Aufgabe 5 (*Drei Phasen*)   Präpositionalobjekte

Mustersatz: *Man verweist eine Person* auf eine Sache.

Leitwörter: 1. Man verweist eine Person . . .
                  2. man verwendet viel Energie . . .
                  3. man beschränkt sich . . .
                  4. man hat Anspruch . . .
                  5. man legt Wert . . .
                  6. man verwendet viel Mühe . . .

Aufgabe 6 (*Vier Phasen*)   1. Futur

Die Verben sind vom Präsens in das 1. Futur umzusetzen.

   Die Sätze sind:

1. Der Mensch braucht nicht nur das Wissen, sondern auch das
   Können.
2. Er verlangt auch Erhaltung seiner Gesundheit.
3. Im öffentlichen Leben spielen auch die Frauen eine große Rolle.
4. Ein moderner Kursus für die Kochkunst ist bei den Frauen immer
   populär.
5. Kurse für die bessere Geschmacksbildung sind recht begehrt.
6. Es herrscht eine Nachfrage nach Sprachkursen.

Aufgabe 7 (*Vier Phasen*)   Daß-Sätze

Nach dem Hauptsatz '*Es ist ihm klar, daß* . . .' sind die Behauptungen
zu wiederholen.

Zum Beispiel:

Behauptung: Eine Vorlesung ist nicht immer die beste Lehrmethode.

Antwort: *Es ist ihm klar, daß eine Vorlesung nicht immer die beste
            Lehrmethode ist.*

 Die Behauptungen sind:

1. Der Vortrag ist nicht immer die beste Lehrmethode.
2. Die jüngere Generation verlangt ein gewisses Mittun.
3. Die Erwachsenen wollen nicht immer hingehen, um nur zuzuhören.
4. Die Erwachsenen wollen sich nicht immer untätig verhalten.
5. Sie wollen mitwirken und mittun.
6. Sie wollen Bildung erwerben.

Aufgabe 8 (*Vier Phasen*)   Personalpronomen: ihr

Setzen Sie bitte die Verben vom Singular in den Plural um. Statt '*du*'
ist das Personalpronomen '*ihr*' zu gebrauchen.

Zum Beispiel:

Sprecher: Hast du die Volkshochschule besucht?

Student: Habt ihr die Volkshochschule besucht?

 Die Sätze sind:

1. Hast du schon Abendkurse mitgemacht?
2. Bist du schon lange bei diesem Kursus?
3. Nimmst du an dem nächsten Kursus teil?
4. Studierst du schon lange Deutsch?
5. Arbeitest du gern in einer Arbeitsgemeinschaft?
6. Was hältst du von der Wahlberechtigung?
7. Was erwartest du von einem Sprachkursus?
8. Welchen Abendkursus empfiehlst du?
9. Kannst du das Gesprochene immer gut verstehen?
10. Willst du diese Aufgabe wiederholen?

Aufgabe 9 (*Vier Phasen*)   Daß-Sätze

Stellen Sie bitte diese Sätze um, so daß der Gliedsatz (Nebensatz) am
Anfang steht.

Zum Beispiel:

Sprecher: Es wurde festgestellt, daß manche Leute Sprachen studieren
            wollten.

Student: Daß manche Leute Sprachen studieren wollten, wurde festgestellt.

Volkshochschule mit Landesbibliothek im Hintergrund, Kiel

Überlegen Sie nachher, ob dadurch sinngemäß eine leichte Veränderung der Sätze entstanden ist.

1. Es wurde gesagt, daß viele Erwachsene weiter studieren wollten.
2. Man hat festgestellt, daß viele Leute Sprachkurse mitmachen wollen.
3. Es ist klar, daß sie in einer Volkshochschule weiter studieren können.
4. Es wurde klargelegt, daß eine technische Ausbildung für Frauen möglich ist.
5. Es wurde festgelegt, daß Kurse in Form einer Arbeitsgemeinschaft geführt werden sollten.
6. Man hat festgestellt, daß der Mensch nicht nur das Wissen braucht, sondern auch das Können.

Aufgabe 10 (*Vier Phasen*)   1. Futur: Passiv ins Aktiv

Setzen Sie bitte die Verben vom Passiv ins Aktiv um.

Zum Beispiel:

Sprecher: Eine akademische Bildung wird von ihr angestrebt werden.

Student: Sie wird eine akademische Bildung anstreben.

Die Sätze sind:

1. Eine akademische Bildung wird von ihnen angestrebt werden.
2. Eine technische Bildung wird von ihm angestrebt werden.
3. Eine Ausbildung in der Kochkunst wird von ihr angestrebt werden.
4. Eine vollkommene Ausbildung wird von uns angestrebt werden.
5. Eine universale Ausbildung wird von manchen Leuten angestrebt werden.
6. Eine vollkommene technische Bildung wird von den Ingenieuren angestrebt werden.

Übung
in der Deutschen Sprache

Interjektionen sind Lautgebilde, die fast immer aus einer persönlichen Empfindung plötzlich auftreten. Sie werden nicht in das System des Satzes eingebaut. Die Empfindung ist meistens körperlich oder seelisch, wie zum Beispiel: Freude, Zärtlichkeit, Lachen, Wohlgefühl, Schmerz, Bedauern, Sehnsucht, Erstaunen, Überraschung, Frage, Beschwichtigung, Ärger, u.a.

Hier ist eine Liste von Interjektionen, die man in dieser Übung gebrauchen soll:

> *hm, hm; na, na; ach was; oha, oho; oje, hoppla; au, autsch; pfui; oh, ach, juchhe; haha, hihi; eia; o weh, herrjemine; ha, oho; ah; he, hallo; pst, pscht!*

Es gibt natürlich andere Ausdrücke, die kräftiger oder ausgefallener sind! In dieser Übung wählen Sie bitte nur aus der Liste oben.

Welche Interjektionen würden Sie persönlich in den folgenden Fällen wählen:

1. Bei einem Fußstoß
2. bei einer Beschwichtigung
3. bei einem Zweifelsfall
4. wenn Sie etwas ekelhaft finden
5. nach einem guten Essen
6. wenn Sie von einem Ellenbogen in die Rippen gestoßen werden
7. wenn Sie von ihren Sorgen niedergedrückt sind
8. bei dem Gewinn einer großen Summe in Fußballtoto
9. bei einem erwünschten Wiedersehen
10. wenn Sie scharf und mit Unrecht angesprochen werden
11. wenn Sie Gelächter nachahmen oder andeuten wollen
12. als Aufforderung zum Ruhigsein
13. bei einem Anruf
14. bei einer plötzlich freudigen Überraschung
15. wenn Sie etwas kaum glauben können
16. bei einer plötzlich erschreckenden Überraschung!

Welche Geräuschnachahmungen sind die folgenden:

(Zum Beispiel: miau (eine Katze), wumm (explodieren))

1. mäh	2. quak	3. summ
4. kikeriki	5. gack	6. ticktack
7. bim bam	8. ta-tü, ta-tü	9. rums
10. schnipp, schnapp	11. trapp, trapp	

Übung 2   Der Bau zusammengesetzter Wörter

Flexionslose Partikel können meistens leicht zusammengesetzt werden. Aus der folgenden Liste setzen Sie so viele Wörter wie möglich zusammen.

Zum Beispiel: *immerhin (immer + hin) hinüber (hin + über).*

Die Wörter sind:

hin	da(r)	vor	wo
her	dort	hinter	einander
über	immer	aus	-wärts
unter	so	ein	hier
auf	wohl	gegen	fort

Übung 3   Suffixbildungen

Ergänzen Sie bitte diese Tabelle mit stammverwandten Wörtern durch Suffixbildungen (und teilweise auch Präfixbildungen):

	VERB	NOMEN	ADJEKTIV
Z.B.:	vergrößern	die Größe	groß
			klein
		das Bild	
			billig
	lachen		
		die Auslese	
	denken		
		das Volk	
	sprechen		
		die Wirtschaft	
		die Rede	
	richten		
			lang
			kurz
		der Vortrag	?
		das Programm	
	?	das Problem	
			heil
	erfordern		
			tätig
		der Handel	

Übung 4   Endstellung der Umstandsergänzung

Die Umstandsergänzungen haben eine Neigung zur Endstellung im
Satz. Lesen Sie bitte die folgenden Sätze vor. Nachher versuchen Sie,
die Sätze womöglich durch eine Umänderung der Satzstellung zu
verbessern.

1. Die Waise bekam ihre ganze Schulung kostenlos.
2. Das Kind machte die Übergangsprüfung ohne Erfolg.
3. Der Student mußte das Studium aufgeben aus finanziellen Gründen.
4. Seine Schwester mußte schon an die Arbeit gehen mit sechzehn
   Jahren.
5. Der kleinere Bruder blieb in der Volksschule auf eigenen Wunsch.
6. Vater war zur Zeit arbeitslos.
7. Mutter mußte auch arbeiten aus Not.
8. Der Vater nahm an einem Abendkursus in der technischen
   Abteilung teil aus dringender Not.
9. Die Mutter nahm an einem modernen Kursus teil aus Interesse.
10. Die Nachbarsfamilie freute sich über die ungünstige Lage aus
    reinem Neid.

Übung 5   Präpositionen

In der modernen deutschen Sprache gibt es noch Rektionsschwierigkeiten bei den Präpositionen (Siehe *Der Große Duden: Grammatik* (4)
S. 304–309 in der 1. Auflage von 1959 und S. 319–325 in der 2 Auflage
von 1966). In dieser Übung gibt es Satzpaare, die zu kritisieren sind.
Welcher Satz ist richtig? Beide?

1. Ab erstem August ⎫
   Ab ersten August ⎬ wird das Gesetz in Kraft treten.

2. Binnen einem Monat ⎫
   Binnen eines Monates ⎬ wird die Anordnung in Kraft treten.

3. Dank ihrem guten Gedächtnis ⎫ wird sie bestimmt sämtliche
   Dank ihres guten Gedächtnisses ⎬ Prüfungen bestehen.

4. Sie fuhr ⎰ dem Rhein entlang.
            ⎱ den Rhein entlang.

5. Innerhalb drei Monate ⎫
   Innerhalb drei Monaten ⎬ wird sie eine weitere Prüfung machen.

6. Sie fuhr ⎰ längs des Rheins.
            ⎱ den Rhein längs.

7. Laut des Ministeriums ⎫ ist das neue Gesetz schon in Kraft
   Laut dem Ministerium ⎬ getreten.

8. Wir können weiter daran teilnehmen — ⎰ aber ohne mir!
                                        ⎱ aber ohne mich!

9. Statt ihres Bruders \
Statt ihrem Bruder ∫ wird sie kommen.

10. Trotz vielen Schwierigkeiten \
Trotz vieler Schwierigkeiten ∫ ist sie gekommen.

11. Unweit des Rheins \
Unweit dem Rhein ∫ liegt der Drachenfels.

12. Während der vierzehn Tage \
Während den vierzehn Tagen ∫ haben sie viel vom Rhein gesehen.

13. Die eine Seite der Autobahn wurde wegen Umbau \
wegen Umbaues ∫ gesperrt.

14. Zufolge des Umbaues \
Dem Umbau zufolge ∫ gab es eine Umleitung.

Übung 6   **Präpositionalobjekte**

Es gibt Verben, die ein Akkusativ- und ein Präpositionalobjekt fordern. Die Präposition ist durch Sprachgebrauch festgelegt. Lesen Sie bitte die folgenden Sätze vor — natürlich mit den zutreffenden Präpositionen.

1. Man hat den Doktor — Annahme der Stelle überredet.
2. Man hat ihn — diesem Amt vorgeschlagen.
3. Man hat ihn — schlimmen Ereignissen bewahrt.
4. Der Vorsitzende hat den Mann — seine Hilfe gebeten.
5. Man hat ihn — seine Vorschläge ersucht.
6. Man hat die Firma — neue Methoden gewonnen.
7. Er brauchte sich nicht — veraltete Methoden zu beschränken.
8. Der Ausschuß hat ihn — seine Vorschläge befragt.
9. Er mußte den Ausschuß — seine Pläne gewinnen.
10. Er hat seine Aufmerksamkeit — die Forderungen der Bevölkerung gelenkt.
11. Er hat vieles — der Vergangenheit gelernt.
12. Wir können etwas — den Worten des Sprechers entnehmen.
13. Der Ausschuß hat ihn — seiner neuen Aufgabe nicht gehindert.
14. Man hat ihn — dem Leiter ernannt.
15. Er mußte sich in der ersten Zeit — der Planung beschäftigen.
16. Bei der Planung hat er sich — dem damaligen System befreit.
17. Er hat viel Energie und Zeit — die Planung verwendet.
18. Man hat ihn — einer ganz anderen Auffassung gezwungen.
19. Man hat ihn — die Situation verwiesen.
20. Man beurteilt eine Person oft — den Resultaten.
21. Er mußte sich — die Situation einstellen.
22. Er hat besondere Rücksicht — die Frauenkurse genommen.
23. Er hat sich mehr oder weniger — den Bedürfnissen gerichtet.

24. Er hat Sonderfragen — den Ausschuß gerichtet.
25. Er hat manche Leute — neue Gedanken gebracht.

Übung 7   Deklination des Pronominaladjektivs

Gewisse Pronominaladjektive, wenn sie vor anderen Adjektiven stehen,
werden meistens parallel dekliniert. Derartige sind:

*ähnlich, verschieden, derartig, sogenannt, weitere, einzeln, obig, gewiß,
letztere, etwaige, sonstig, zahlreich, u.a.*

In dieser Aufgabe ergänzen Sie bitte die unbestimmten Zahlwörter:

1. Das Mädchen hat einen ähnlich—interessanten Kursus ausgesucht.
2. Die Volkshochschule hat zahlreich— gute Abendkurse eingeführt.
3. Der Zweck derartig— technischer Kurse ist eine vollkommene
   technische Ausbildung.
4. Einzeln— kürzere Kurse haben im Januar angefangen.
5. Es waren sonstig— technische Kurse in dem Abendprogramm.
6. Sonstig— neue Abteilungen sind eingeführt worden.
7. Auf etwaig— künftige Schwierigkeiten war der Direktor schon
   vorbereitet.
8. Es kamen weiter— technische Kurse in das Abendprogramm.
9. Aus verschieden— administrativen Gründen wurden einige Kurse
   geschlossen.
10. Sind Grundprinzipien anhand der obig—kurzen Sätze festzustellen?

Übung 8   Substantivierte Partizipien und Adjektive

In dieser Übung sind die substantivierten Partizipien und Adjektive zu
ergänzen:

1. Gewiß können die Erwachsen— an den Abendkursen teilnehmen.
2. Erwachsen— sind sogar erwünscht.
3. Das Aufregend— in dem Krimi (Kriminalroman) gefiel ihm.
4. Der Unterzeichnet— bestätigt hiermit, daß er einverstanden ist.
5. Er wurde von irgendeinem Betrunken— angerempelt.
6. Zwölf Delegiert— kamen sogar aus Berlin.
7. Ein Lehrer in Deutschland ist ein Beamt—.
8. Die Beamt—, die im Auswärtig— Amt arbeiten, werden von vielen
   Angestellt— unterstützt.
9. Studierend— und Abiturient— finden sich manchmal überbelastet.
10. Ein Gebildet— ist nicht immer ein Mann, der studiert hat!

Übung 9   Daß-Sätze

Vervollständigen Sie bitte die folgenden Sätze durch Daß-Sätze.

Zum Beispiel:

Es kommt davon, daß . . .

Es kommt davon, daß man nie genügend Geld hat.

1. Es kommt davon, daß . . .
2. Man soll darauf achten, daß . . .
3. Ein Mensch muß sich dazu zwingen, daß . . .
4. Es bleibt dabei, daß . . .
5. Es fehlt nur daran, daß . . .
6. Man kann sich nur dafür bedanken, daß . . .
7. Leute halten oft darauf, daß . . .
8. Sie haben sich darüber ausgesprochen, daß . . .
9. Eine neue Hoffnung erwächst oft daraus, daß . . .
10. Es geht nur darum, daß . . .
11. Manchmal beschränkt man sich darauf, daß . . .
12. Man hält oft darauf, daß . . .
13. Man kann daran zweifeln, daß . . .
14. Einem Menschen steht zu, daß . . .
15. Man verzichtet darauf, daß . . .
16. Es wird oft daran gezweifelt, daß . . .
17. Man kann nur darauf spekulieren, daß . . .
18. Das Ergebnis kommt davon, daß . . .
19. Ein Mensch strebt immer danach, daß . . .
20. Man freut sich darauf, daß . . .

Übung 10   Zusammenfassung

Fassen Sie bitte diesen Zeitungsartikel in nicht mehr als 100 Wörtern
zusammen:

Deutsche Forschung im Rückstand

'Die wissenschaftliche Forschung in der Bundesrepublik befindet sich
trotz Verbesserungen in den letzten Jahren gegenüber dem westlichen
Ausland weiterhin im Rückstand. Bundesforschungsminister Stoltenberg erklärte gestern vor der Presse in Bonn, die "technologische
Lücke" im Verhältnis zu den Vereinigten Staaten sei noch keineswegs
geschlossen.

Im zweiten Forschungsbericht der Bundesregierung für die Jahre
1964 bis 1966 bezeichnete Stoltenberg den Leistungsstandard von
Forschung und Entwicklung in der Bundesrepublik gegenüber den
U.S.A. als "insgesamt unbefriedigend". Auf nichtmilitärischem Gebiet
habe Deutschland allerdings mit den verstärkten Forschungsanstren-
gungen Frankreichs und Großbritanniens Schritt halten können. Der
"immer noch starke Nachholbedarf" der deutschen Forschung soll bis
1971 durch jährlich um durchschnittlich 16 Prozent steigende Bundes-
ausgaben gemindert werden.

· · ·

Das größte Förderungsprogramm der Bundesregierung ist dem
Bericht zufolge die allgemeine Wissenschaftsförderung, die ein Viertel
der Ausgaben verschlingt. Mit diesen Mitteln finanziert der Bund

zusammen mit den Ländern die Max-Planck-Gesellschaft sowie die Deutsche Forschungsgemeinschaft und beteiligt sich am Hochschulbau. Von 1964 bis 1966 habe der Bund für den Ausbau von Hochschulen eine Milliarde DM gezahlt. Den Ländern seien für die folgenden drei Jahre fast zwei Milliarden DM in Aussicht gestellt.

Der Bundesforschungsbericht weist darauf hin, daß angesichts steigender und hoher Kosten die Strukturänderungen des Hochschulsystems notwendig sind. Zu diesem Zweck hält die Bundesregierung sieben Maßnahmen für notwendig:

1. Bundesbeteiligung an Neugründungen
2. mehrjährige Finanzierungspläne für die bestehenden Hochschulen
3. bessere Ausnützung von Räumen
4. Rationalisierung im Hochschulbau
5. Schaffung eines regionalgegliederten Forschungsverbandes
6. Studienreformen und
7. Prüfung der Möglichkeiten für ein Fernstudium.'

Aus dem *General Anzeiger für Bonn und Umgegend.*

Übung 11   Zusammenfassung

Fassen Sie bitte diesen Artikel aus derselben Zeitung in nicht mehr als 100 Wörtern zusammen:

Jahresbericht des DAAD

'Über 16 000 Professoren, Dozenten, Lektoren, Wissenschaftler und Studenten wurden im vergangenen Jahr durch den Deutschen Akademischen Austauschdienst (DAAD) zwischen Ländern aller Erdteile und der Bundesrepublik ausgetauscht. Dies berichtete kürzlich Hauptgeschäftsführer Dr. Hubertus Scheibe, der den Jahresbericht des DAAD vorlegte, auf einer Pressekonferenz. Zur Pflege der akademischen Beziehungen zum Ausland standen im Vorjahr 34,1 Millionen Mark zur Verfügung, das sind rund vier Millionen Mark mehr als im Jahre 1965.

Die höchsten Zahlen im DAAD-Austausch stellen die Hochschulpraktikanten mit 6228. Mit 38 Ländern der Welt wurden Praktikanten ausgetauscht. Für zwei bis drei Ferienmonate werden dabei deutsche Studenten in ausländischen Betrieben und ausländische Studenten in deutschen Betrieben untergebracht. Die Zahl der deutschen Praktikanten ging im letzten Jahr von 1108 auf 885 zurück. Rund 550 Praktikantenplätze im Ausland blieben 1966 unbesetzt. Nach Ansicht des DAAD liegt das daran, daß vielen deutschen Studenten diese Arbeitsmöglichkeiten unbekannt sind.

Schwerpunkt im DAAD-Programm ist nach wie vor der Studenten-Austausch. Mit Verlängerungen wurden 2065 Stipendien an ausländische Studenten erteilt, 538 deutsche Studenten erhielten Auslands-Stipendien. Rund die Hälfte der Ausländer studieren Geisteswissenschaften, besonders Germanistik. Dicht auf folgen Medizin und

Ingenieurwissenschaften. Vier deutsche Hochschulorte werden von ausländischen Stipendiaten bevorzugt: München mit rund 250, Berlin mit 180, Heidelberg mit 115 und Bonn mit 110 Stipendiaten. Grundsätzlich steht den geförderten Studenten die Wahl des Hochschulortes frei.

191 Professoren wurden zwischen Deutschland und 17 Partnerländern ausgetauscht. Hier wird streng auf Gegenseitigkeit geachtet. So kamen 83 Professoren aus Großbritannien, während gleichzeitig 83 deutsche Professoren nach England gingen.'

Aus dem *General-Anzeiger für Bonn und Umgegend, Unabhängige Tageszeitung*.

Meinungen

1. Was ist eine *Volks*hochschule?

2. Was ist 'eine universale Einstellung'?

3. Halten Sie eine gewisse Einseitigkeit in der Bildung eines Menschen für notwendig?

4. Der Sprecher hat in seinem neuen Aufbauprogramm sechzehn Abteilungen gewählt. Welche Abteilungen hätten Sie bevorzugt? Und aus welchen Gründen?

5. Ist das Studium der Religion wohl angebracht in einer Volkshochschule?

6. Welche Sprachen würden Sie als Deutsche studieren? Und aus welchen Gründen?

7. Welche Sprachstudien ziehen Sie vor? Aus welchen Gründen?

8. Wie stellen Sie sich eine humanistische Bildung unter modernen Bedingungen vor?

9. Was gehört zu einer allgemeinen technischen Ausbildung?

10. 'Der Mensch . . . braucht auch Förderung seiner Gesundheit' behauptet der Sprecher. Durch welche Kurse wäre dies möglich?

11. Welche Kurse gehören zu einer 'besseren Geschmacksbildung'?

12. Wäre ein Kursus über die moderne Kochkunst angebracht?

13. Was sind die Vor- und Nachteile des Vortragswesens?

14. Wie stellen Sie sich eine Arbeitsgemeinschaft in einer Klasse oder einer Gruppe vor?

15. Welche Abendkurse sind für eine Handelsschule geeignet?

16. Wie kann ein Erwachsener in Deutschland durch ein Studium seine Lage verbessern?

17. Ist Bildungserwerb ein geistiges Steigern, eine Ausbreitung des Wissens, eine Erweiterung des Könnens, oder . . . ?

18. 'Jeder Mensch, der etwas geistig erwerben will, muß dabei etwas mittun'. Inwiefern sind Sie mit dem Sprecher einverstanden?

19. Wie viele Technische Hochschulen gibt es in der Bundesrepublik? Wieviel Leute besuchen sie in einem Jahr? Wo befinden sich die Technischen Hochschulen?

20. Was ist eine Volksakademie?

21. Wie stellen Sie sich das ideale Gebäude für
    (*a*) eine Handelsschule
    (*b*) eine Technische Hochschule und
    (*c*) eine Volkshochschule vor?

22. Können die Erwachsenen und die Teenager getrennt oder zusammen besser studieren?

23. Was sind die Vor- und Nachteile des Studiums durch Fernsehen und Radio?

24. Was sind die Vor- und Nachteile eines Sprachkursus im Rundfunk?

25. Was sind die Vor- und Nachteile eines Sprachkursus im Fernsehen?

26. Welchen Gebrauch machen die Deutschen von ihren Bibliotheken?

27. Was möchten Sie persönlich in einer Volkshochschule studieren? Warum würden Sie dieses Fach/diese Fächer wählen?

Transkription

Die folgenden Stücke von der originalen Tonbandaufnahme sind zu transkribieren:

1. Von   'Ja. Also die Volkshochschule hat man mir übertragen' . . .
   bis . . . 'keine feste Richtung verschrieben'.

2. Von   'So ist auf Wunsch von fraulichen Kreisen' . . .
   bis . . . 'daß sie sich diese Arbeit angenommen haben'.

3. Von   'Sie wissen ja, die junge Generation ist' . . .
   bis . . . 'auf die sogenannten Kurse und die Arbeitsgemeinschaften'.

Bibliographie

Volkshochschule: Handbuch für Erwachsenenbildung, Stuttgart: Klett, 1961.

Philippe Müller, *Berufswahl in der rationalisierten Arbeitswelt*, Rowohlts deutsche Enzyklopädie, Nr. 133.

Hans-Hermann Groothoff und Edgar Reimers (hrsg.), *Pädagogik*, Fischer Bücherei. FL 36.

Willy Strzelewicz, H. I. Raapke, u. W. Schulenburg, *Bildung und gesellschaftliches Bewußtsein*, Stuttgart: Enke, 1966.

10. VOLKSTÜMLICHES

Zusammenfassung

Die Sprecherin auf dieser Tonbandaufnahme wurde im Jahre 1900 geboren, in einer Streusiedlung am Teutoburger Wald. Sie ist eine Zeit lang Lehrerin gewesen, später war sie Verwalterin des Archivs für Volkskunde in Münster, Westfalen. Sie spricht in regional gefärbter Hochsprache und erzählt von ihrer Jugend in der Bauerschaft, wo Plattdeutsch gesprochen wurde. Sie beschreibt die Tracht, die sie als junges Mädchen trug, und die Dorfschule, die sie besucht hat. Ihre Kindheit und Jugend betrachtet sie als Vorbereitung auf ihre spätere wissenschaftliche Tätigkeit. Ihre Erinnerungen schildert sie freudig und lebendig.

Jungfrauenkleidung der Delbrücker Tracht, Westfalen

Frage und Antwort

Aufnahme 10

Bitte lesen Sie zunächst die Fragen durch, so daß Sie deren Bedeutung genau kennen. Hören Sie die Tonbandaufnahme 2–3 mal an und beantworten Sie die Fragen entweder schriftlich oder mündlich.

1. Ist die Sprecherin in dem Dorf oder außerhalb des Dorfes geboren?
2. Wo liegt ihr Geburtsort?
3. Was sieht man von dem Elternhaus aus?
4. Was für Bäume wachsen in der Nähe des Elternhauses?
5. Wie unterhielt sich die Familie abends?
6. Was für eine Schule hatte die Bauerschaft?
7. Welche Erinnerung hat die Sprecherin an den Tag, an dem sie eingeschult wurde?
8. Wie lernte sie Hochdeutsch?
9. Wie war sie als kleines Mädchen gekleidet?
10. Wie äußerte sich die Mode bei Holzschuhen?
11. Wie war sie gekleidet, als sie zur Kommunion ging?
12. 'Es war immer was zu tun' stellt sie fest. Womit hat sie sich in der Schule beschäftigt?

Fragen auf Tonband

Beantworten Sie bitte jetzt die Fragen, die Sie auf dem Tonband hören werden.

Sprachübung

Aufgabe 1 (*Drei Phasen*)   Konjunktiv bei einem Wunsch

Mustersatz: Sie wollte, *daß sie rechtzeitig in die Schule käme.*

Leitsätze:
1. daß sie rechtzeitig in die Schule käme.
2. daß sie rechtzeitig Hochdeutsch spräche.
3. daß sie rechtzeitig Hochdeutsch lernte.
4. daß sie Klavierstunden hätte.
5. daß sie modisch aussähe.
6. daß sie sich eine Paar Lederschuhe kaufte.

Aufgabe 2 (*Drei Phasen*)   Konjunktiv bei einem Verlangen

Mustersatz: Es verlangte niemand von ihr, *daß sie zu Hause Hochdeutsch spräche.*

Leitsätze:
1. daß sie zu Hause Hochdeutsch spräche.

2. daß sie in eine städtische Schule ginge.

3. daß sie das Elternhaus verließe.

4. daß sie fortgehen müßte.

5. daß sie das Dorf verließe.

6. daß sie kein Plattdeutsch spräche.

Aufgabe 3 (*Drei Phasen*)   Instrumentalsätze

Mustersatz: Sie lernte die ländlichen Gebräuche kennen, *indem sie auf dem Lande aufwuchs.*

Leitsätze: 1. indem sie auf dem Lande aufwuchs.

          2. indem sie in eine Dorfschule ging.

          3. indem sie in das Dorfleben hineinwuchs.

          4. indem sie Volkskunde pflegte.

          5. indem sie Tracht trug.

          6. indem sie alles selbst miterlebte.

Aufgabe 4 (*Drei Phasen*)   Instrumentalsätze

Mustersatz: Sie lernte die ländlichen Gebräuche dadurch kennen, *daß sie auf dem Lande aufwuchs.*

Leitsätze: 1. daß sie auf dem Lande aufwuchs.

          2. daß sie in eine Dorfschule ging.

          3. daß sie in das Dorfleben hineinwuchs.

          4. daß sie Volkskunde pflegte.

          5. daß sie Tracht trug.

          6. daß sie alles selbst miterlebte.

Aufgabe 5 (*Drei Phasen*)   Indirekte Fragesätze

Mustersatz: Sie erzählt, *wo sie geboren ist.*

Leitsätze: 1. wo sie geboren ist.

          2. wie ihr ihre Tracht zum Bewußtsein gekommen ist.

          3. wann sie Volkslieder gesungen hat.

          4. was für einen Lehrer sie gehabt hat.

          5. warum sie Lederschuhe bekommen hat.

          6. was sie zur Kenntnis genommen hat.

Aufgabe 6 (*Vier Phasen*)   Imperativ: 2. Person Plural

Bejahen Sie die Fragen und geben Sie den zutreffenden Befehl in vertraulich-familiärer Sprache wieder.

Zum Beispiel:

Sprecher: Sollen wir gehen?

Student: Ja. Geht!

Die Sätze sind:

1. Können wir kommen?

2. Können wir mitkommen?

3. Sollen wir warten?

4. Sollen wir halten?
5. Können wir schon weitergehen?
6. Sollen wir die Dose öffnen?
7. Können wir jetzt sprechen?
8. Müssen wir nun schweigen?
9. Dürfen wir schon gehen?
10. Dürfen wir schon essen?

Aufgabe 7 (*Vier Phasen*)   Was für ein?

Stellen Sie bitte die zutreffenden Fragen mit den folgenden Wörtern am Anfang: '*Was für ein, was für einen, in was für einem*', usw.

Zum Beispiel:

Sprecher: Sie ist in einer entfernten Streusiedlung geboren.

Student: In was für einer Streusiedlung ist sie geboren?

1. In dieser westfälischen Bauerschaft ist sie geboren.
2. Der Teutoburger Wald ist ein langgestrecktes Gebirge.
3. Sie haben oft einheimische Volkslieder gesungen.
4. Sie hat eine einklassige Schule besucht.
5. Sie hat einen talentierten Lehrer gehabt.
6. Eine sehr alte Linde hat vor ihrem Elternhaus gestanden.

Aufgabe 8 (*Vier Phasen*)   Verben: Plusquamperfekt

Setzen Sie bitte die Verben vom Perfekt ins Plusquamperfekt um, nachdem Sie mit dem Hauptsatz '*Sie war mit der Volkskunde gut vertraut, weil . . .*' begonnen haben.

Zum Beispiel:

Sprecher: Sie hat meistens aus eigener Erfahrung gelernt.

Student: Sie war mit der Volkskunde gut vertraut, weil sie meistens aus eigener Erfahrung gelernt hatte.

Die Sätze sind:

1. Sie hat das Fach lange studiert.
2. Sie ist in der Bauerschaft aufgewachsen.
3. Sie ist auf dem Lande groß geworden.
4. Sie hat vieles aus ihrer Kindheit gelernt.
5. Sie ist früh zu diesem Studium gekommen.
6. Sie hat sich in das Fach eingelebt.
7. Sie ist immer in der Umgebung ihres Dorfes gewesen.
8. Sie hat sich dafür interessiert.
9. Sie hat alles früh zur Kenntnis genommen.
10. Sie hat immer großes Interesse gezeigt.

Aufgabe 9 (*Vier Phasen*)   Kausalsätze

Die zwei Sätze in jedem Paar sind zusammenzusetzen, so daß Haupt- und Kausalsatz entstehen.

Zum Beispiel:

Sprecher: Die Dorfschule hatte große Vorteile.
Sie war sehr vielseitig.

Student: Die Dorfschule hatte große Vorteile, weil sie sehr vielseitig war.

Die Satzpaare sind:

1. Die Dorfschule hatte große Vorteile.
Sie machte die Kinder viel selbständiger.

2. Die Kinder hatten nie Langeweile.
Sie fanden immer eine Beschäftigung.

3. Der Lehrer hat die Schule organisiert.
Er hat die Arbeit gut verteilt.

4. Man holte ein Buch zum Lesen.
Er hatte eine Bücherei angeschafft.

5. Es gab immer etwas zu tun.
Der Lehrer hatte die Arbeit schon organisiert.

Aufgabe 10 (*Vier Phasen*) Verben: Plusquamperfekt

Setzen Sie bitte die Verben in den Nebensätzen vom Perfekt ins Plusquamperfekt um. Gleichfalls setzen Sie bitte die Verben in den Hauptsätzen vom Präsens ins Imperfekt um.

Zum Beispiel:

Sprecher: Sie besucht eine Dorfschule, da sie in der Gegend geboren ist.

Student: Sie besuchte eine Dorfschule, da sie in der Gegend geboren war.

In der Antwort steht der Satz völlig in der Vergangenheit.

Die Sätze sind:

1. Sie wird Lehrerin, weil sie einen guten Lehrer gehabt hat.
2. Sie nimmt Klavierstunden, als sie älter geworden ist.
3. Sie liest gerne Bücher, da sie von deren Wichtigkeit überzeugt ist.
4. Sie ist froh, daß sie Volkskunde studiert hat.

Übung
in der Deutschen Sprache

Übung 1 Substantive — Schwankendes Geschlecht

In der Schriftsprache gibt es Substantive mit schwankendem Geschlecht. Lesen Sie bitte die folgenden Wörter vor, und nachher stellen Sie fest, welchen Artikel Sie vorziehen:

das oder der Gummi	das oder der Willkommen
der oder das Buna	der oder das Meteor
das oder der Liter	das oder der Filter

der oder das Kilometer
das oder der Zubehör
der oder das Match
der oder das Radar
das oder der Teil

der oder das Bonbon
das oder der Barock
der oder das Keks
der, die oder das Dschungel

Übung 2   Substantive — Schwankendes Geschlecht

Es gibt Wörter mit schwankendem Geschlecht bei verschiedener
Bedeutung.

Zum Beispiel: *Der Kristall* (*Mineral*) und *das Kristall* (*Glas*). Ergänzen Sie
bitte die folgenden Sätze durch den bestimmten Artikel (der, die, das
usw.):

1. D— achte Band des Lexikons erschien gestern.
2. Man lernt die Sprachen heute in d— Weise, daß man das Gesprochene vorzieht.
3. Er vernahm d— Kunde von seinem Erfolg aus den Zeitungen.
4. D— Kunde hat immer recht!
5. D— Bodensee ist ungefähr 63 Kilometer lang.
6. D— Nordsee ist nirgendwo sehr tief.
7. Er legte d— neue Tonband auf den Apparat.
8. D— Weise spart und läßt sein Geld arbeiten.
9. In seinem Auto war d— Steuer ein bißchen lose.
10. D— Inhalt seiner Rede war belanglos.
11. Er mußte d— Steuer innerhalb eines Monats zahlen.
12. Wie hoch ist d— Gehalt eines Bergarbeiters in Deutschland?
13. D— Verdienst wird selten belohnt.
14. Die Schlüssel, d— ganz— Bund, hat er verloren.
15. D— Verdienst kann nicht immer in Geld ausgedrückt werden.
16. D— heutige Bund besteht aus 11 Ländern.

Übung 3   Stellung der freien Umstandsangaben

Die freien Umstandsangaben stehen meistens am Anfang eines Satzes
oder nach dem Verb.

Zum Beispiel:

Damals ging sie in die Dorfschule.
Sie sangen in der Abenddämmerung mit zunehmender Freude Volkslieder.

Die Folge der Umstandsangaben ist gewöhnlich: *Zeit, Grund, Art und
Weise, Ort.* Sollte der Sprecher einen besonderen Wert auf eine
Umstandsangabe legen, dann ändert sich die Reihenfolge sofort.

Zum Beispiel:

Sie ging abends in die Schule zum Klavierunterricht.
Abends ging sie in die Schule zum Klavierunterricht.

Landschaft in Münsterland

Erstkommunikantinnen in Weiß, in
Essen-Steele aufgenommen

Lesen Sie bitte die folgenden Sätze vor. Nach jedem Satz stellen Sie
die Reihenfolge klar und sprechen Sie ein Urteil darüber.

1. Sie ist in einer Streusiedlung im Jahre 1900 geboren.
2. Das Elternhaus lag vom nächsten Haus mindestens 500 Meter
   entfernt.
3. Die Aussicht war vorzüglich bei klarem Wetter.
4. Sie war aus eigener Erfahrung zu der Zeit mit der Dorfschule sehr
   zufrieden.
5. Ihre Volkslieder sangen sie vor der Tür in der Abenddämmerung.
6. Ganze Abende hindurch haben sie gesungen, manchmal bis in die
   späte Dunkelheit hinein.
7. Als kleines Mädchen ging sie in Tracht damals.
8. Holzschuhe trug sie ihre ganzen Schuljahre durch, samstags schön
   gescheuert.
9. Die Mädchen waren damals sehr eitel mit ihren Holzschuhen.
10. Es gab auf den Holzschuhen schöne Plüschschleifchen, rot, blau,
    kariert, gestreift.
11. Sie bekam zunächst nach eigener Wahl ein Paar Lederschuhe.
12. Sie wollte in derselben Gegend später Lehrerin werden.
13. Die anderen Kinder gönnten ihr die Lederschuhe, weil sie später
    einmal Lehrerin werden wollte.

Übung 4   Suffixe

Abstrakta und Sachbezeichnungen werden aus Adjektiven und Substantiven abgeleitet.

Zum Beispiel: weise — die Weisheit, klein — die Kleinigkeit. Die Suffixe *-e, -ei, -erei, -heit, -keit, -igkeit, -schaft, -nis, -tum, -ung, -ismus usw.* kommen vor.

In dieser Übung bilden Sie aus jedem Wort so viele Abstrakta und Sachbezeichnungen wie möglich. Die Form des Wortes kann geändert werden.

Die Adjektive sind:

groß	eitel	herrlich	selten
gleich	fertig	ergeben	seltsam
still	weit	rein	lang
reich	ganz	schnell	neu
mäßig	fähig	stark	alt

Die Substantive sind:

Schule	Land	Volk	Material
Lehrer	Ort	Geschäft	Marx
Student	Bund	Mann	Bücher
Kind	Kunde	Genosse	Karte
Mensch	Handel	Christen	Besitz

Übung 5   Indirekte Fragesätze

Die folgenden Sätze sind zu vervollständigen:

1. Ob man . . . , ist noch nicht klar.
2. Ob wir überhaupt . . . , ist auch nicht klar.
3. Ob . . . , muß erst festgestellt werden.
4. Ob . . . , wird später bekannt gegeben.
5. Ob sie . . . , wird morgen bekannt gemacht.
6. Ich habe keine Ahnung, ob . . .
7. Ich möchte wissen, ob . . .
8. Ich möchte feststellen, ob . . .
9. Mir ist nicht klar, ob . . .
10. Ich weiß nicht, ob . . .
11. Die Frage, ob . . . , ist noch nicht beantwortet worden.
12. Der Zweifel, ob sie . . . , besteht immer noch.
13. Die Unberechenbarkeit, ob sie . . . , stört mich.
14. Die Bedenken, ob sie . . . , lassen mir keine Ruhe.
15. Die Frage, ob sie . . . , bleibt immer offen.

Übung 6   Instrumentalsätze

Vervollständigen Sie bitte die folgenden Sätze:

1. Sie hatte das Studium nur dadurch zu Ende geführt, daß . . .

2. Sie hatte sich an ihre Jugendzeit dadurch erinnert, daß . . .
3. Sie war von ihrem Elternhaus fortgegangen, indem . . .
4. Sie hatte sich an so vieles erinnern können, indem . . .
5. Sie hatte die Volkskunde so gut beschreiben können, indem . . .
6. Sie hatte ihr Ziel dadurch erreicht, daß . . .
7. Sie hatte Fortschritte in ihrem Studium gemacht, indem . . .
8. Sie hatte immer großes Interesse an Trachten gehabt, indem . . .
9. Sie hatte ihr eigenes Geld verdient, indem . . .
10. Sie hatte sich ihren Lebenswunsch erfüllt, indem . . .

Übung 7   Instrumentaladverbien

Es gibt vier Instrumentaladverbien: *dadurch, damit, hierdurch, hiermit.*
Bilden Sie bitte (möglichst schnell) zehn einfache Sätze, die diese
Wörter umschließen.

Zum Beispiel:
Wir übersenden Ihnen hiermit den neuesten Katalog.

Übung 8   Adjektive und Partizipien + Präpositionalobjekte

Bestimmte Adjektive und Partizipien gebrauchen bestimmte Präpositionen mit verschiedenen nachfolgenden Objekten.

Zum Beispiel:
Man ist eifersüchtig auf Leute.
    In dieser Übung sind die Sätze durch die zutreffenden Präpositionen
zu ergänzen:

1. Die Frau ist eingebildet — ihre Schönheit.
2. Das Mädchen ist neidisch — eine Kollegin.
3. Sie ist — einem netten Mann verlobt.
4. Ein Mann interessiert sich oft — Sport.
5. Eine Frau bleibt gleichgültig — einem unhöflichen Mann.
6. Ein Mann ist oft stolz — sein Basteln.
7. Man ist vertieft — sein Studium.
8. Ein Mensch ist selten zufrieden — seiner Leistung.
9. Man ist von Zeit zu Zeit voll — Ideen.
10. Eine Hausfrau ist nie fertig — der Arbeit.
11. Ein Sohn will nicht abhängig — seinem Vater sein.
12. Ein Mensch ist oft gierig — Geld.
13. Ein Meister ist gewandt — seinem Fach.
14. Sonntags ist man geneigt — Nichtstun.
15. Man ist besorgt — Preissteigerungen.
16. Das ist nützlich — den täglichen Gebrauch.
17. Kurze Röcke sind nicht geeignet — rundliche kurzbeinige Frauen!
18. Gute Haltung ist wesentlich — die geschmackvolle Kleidung.
19. Ein junger Mann macht sich — einem Mädchen bekannt.
20. Hoffentlich bleibt diese Arbeit frei — Fehlern!

Schwarzwälder Trachten

Übung 9   Konjunktiv

Der Konjunktiv kommt in einem Gliedsatz vor, wenn ein Wunsch oder ein Verlangen nur möglich ist, also nicht als Tatsache betrachtet werden kann.

Zum Beispiel: *Er wünscht, daß er mehr Glück habe.*

   Nach dem Hauptsatz: '*Er wünscht, daß* . . .' sind folgende Sätze in Gliedsätze umzusetzen:

   1. Er hat viel Erfahrung in seinem Fach.
   2. Er ist ein tüchtiger Mann.
   3. Er lernt ein bildhübsches Mädchen kennen.
   4. Er macht Bekanntschaft mit ihr.
   5. Er hat viel Geld.
   6. Er kann mehr Geld haben.
   7. Er kann mehr Geld verdienen.
   8. Er legt seine Meinung klar.
   9. Er geht in Urlaub.
  10. Er verbringt seinen Urlaub am Teutoburger Wald.
  11. Er reist durch ganz Deutschland.
  12. Er fährt in die Schweiz.
  13. Er wohnt in den Bergen.
  14. Er bleibt in den Alpen.

Übung 10   Zusammenfassung

Geben Sie bitte diesen Zeitungsartikel mit nicht mehr als 100 Wörtern in Notizen wieder.

Schuhplattler aus Garmisch-Partenkirchen

Keine Chance auf eine höhere Schulbildung ... weil sie auf dem Dorf leben!

'Sie sind intelligent und würden das Gymnasium oder die Realschule lässig schaffen. Tatsächlich besuchen sie die Volksschule. Ihr Handicap: Sie leben auf einem Dorf. Nach wie vor gibt es in Schleswig-Holstein ein starkes Bildungsgefälle zwischen Stadt und Land.

Es herrscht bei manchen Lehrern und vielen Eltern eine Abneigung, Kinder in entfernt liegende weiterführende Schulen zu schicken.' Zu diesem Schluß kommt die *Aktion Bildungswerbung* in einer Untersuchung, in der sie mit Unterstützung des Kultusministeriums durch Erhebungen analysiert, ob es noch Bildungsreserven gibt. Die *Aktion* konstituierte sich im Sommersemester 1967 in Kiel.

· · ·

Die Studenten stellten fest, daß die Meinungen der Lehrer außerordentlich unterschiedlich sind. Neben der Mehrzahl aufgeschlossener Lehrer gibt es noch manche, die sich ihrer Dorfgemeinschaft verpflichtet fühlen. Sie wollen die Kinder nicht dem Dorf entfremden lassen, indem sie sie etwa in eine Mittelpunktschule schicken. Die 'angestammte, artverbundene dörfliche Nähe ist da entscheidend', heißt es in dem Bericht der *Aktion Bildungswerbung*.

Daneben — so konstatieren die Studenten — besteht die Furcht mancher Lehrer vor einer Ausmergelung oder Auspowerung der ländlichen Volksschule.

Die Widerstände der Eltern in ländlichen Gebieten liegen vor allem in der Angst, die Kinder würden dem Hof als Arbeitskraft oder Erben verlorengehen und damit den Lebensinhalt ihrer Eltern zerstören.

Die Kinder — so folgern die Studenten — sollen bewußt nicht mehr lernen als erforderlich. Vieler Kinder Eltern halten die bäuerliche Heimstatt für die Kernzelle alles dörflichen Daseins und machen dies zu einem Glaubensbekenntnis, so daß eine weiterführende Schule für ihr Kind ein Verrat am Dorf wäre.

Die Aktion Bildungswerbung ist der Auffassung, daß die Information über die Entwicklung der Landwirtschaft und die Konsequenzen für den Bildungsstand in ländlichen Gebieten deshalb noch notwendiger als bisher ist.

Aus der Zeitung *Kieler Nachrichten.*

Übung 11   **Beschreibung**

Beschreiben Sie die Tracht, die von den Personen auf den Bildern getragen wird.

Meinungen

1. Was ist eine *Streusiedlung?* Beschreiben Sie bitte ein Beispiel.
2. Was ist die Bauerschaft in Westfalen?
3. Ist der Teutoburger Wald historisch oder landschaftlich bekannter?
4. Was sind die landwirtschaftlichen Produkte der Gegend? Wie ist der Boden?
5. Inwiefern kann ein Dorf seinen Charakter beibehalten?
6. Warum möchten die Bauern wohl ihre Sitten und Gebräuche beibehalten?
7. Wie können sie das erreichen?
8. Ist die Spaltung zwischen der alten und der jüngeren Generation heutzutage sehr groß?
9. Welche Folge hat die Mechanisierung auf dem Lande?
10. Ist die Arbeitskraft auf dem Lande nicht mehr so notwendig?
11. Was ist ein *Volkslied?* Wie hat sich das Volkslied in Deutschland entwickelt?
12. Unter welchen Umständen würden Sie persönlich Volkslieder mitsingen?
13. Wo und wann wird noch Tracht getragen?
14. Welche von allen deutschen Trachten haben Sie am liebsten?
15. Möchten Sie persönlich eine Tracht tragen? Unter welchen Umständen?
16. Was ist *Volkskunde?*
17. Warum studiert man Volkskunde?

18. Was für Gegenstände wären in einem Institut und Archiv für Volkskunde zu finden?

19. Möchten Sie lieber auf dem Lande oder in der Stadt wohnen? Warum?

20. Was für Vorteile hat eine Dorfschule?

21. Was für Nachteile hat eine Dorfschule?

22. Was kann man organisatorisch von einer einklassigen Dorfschule lernen?

23. Was für neue Erziehungsmethoden kennen Sie?

24. Was sind die Vor- und Nachteile einer großen Familie?

25. Ist eine soziale Einheit in einem Dorf möglich?

Transkription

Die folgenden Stücke von der originalen Tonbandaufnahme sind zu transkribieren:

1. Von   'Ja. Ich komme eigentlich richtig hinten vom Lande' . . .
   bis . . . 'gerade vor meinem Elternhaus war'.

2. Von   'Wir sind aber nur vielleicht einundeinhalb Kilometer' . . .
   bis . . . 'wie auf einem Meer'.

3. Von   'Wir Mädchen hatten viel Eitelkeit mit den Holzschuhen' . . .
   bis . . . 'So lang war mein Rock auch'.

Bibliographie

Franz Jostes, *Westfälisches Trachtenbuch: Volksleben und Volkskultur in Westfalen.* Zweite Auflage bearbeitet und erweitert von Martha Bringemeier, Münster/Westfalen, Heckmann, 1961. Text—341 S.,XXIV Bildtafeln und 244 Abbildungen.

Erich Retzlaff und Margarete Bauer-Heinhold (hrsg.), *Deutsche Trachten*, Königstein i. Taunus, Langewiesche, 1958. 79S. Die blauen Bücher.

Hans Retzlaff, *Deutsche Bauerntrachten*, beschrieben von Rudolf Helm, Berlin: Atlantis Verlag, 1934. 223 S.

11. DER GUTE BÜRGER

Zusammenfassung

Der vor der Jahrhundertwende geborene Sprecher beschreibt die Stadt Gießen zur Zeit ihrer Ausbombung. Nach dem Krieg gab es keine Finanzierungsmöglichkeiten für den Wiederaufbau der Stadt, und außerdem war kein Baumaterial zu haben. Damals beschäftigte er sich mit Kommunalpolitik.

Die Alliierten versuchten zunächst, den Staat durch die kleinen Zellen, die Gemeinden, aufzubauen, woran der Sprecher in den Nachkriegsjahren teilnahm. Er legt seine Gedanken über die Kommunalpolitik und über die Bürgerpflicht dar.

Frage und Antwort

Aufnahme 11

Lesen Sie bitte zunächst die Fragen durch, so daß Sie deren Bedeutung, genau kennen. Hören Sie die Tonbandaufnahme 2–3 mal an und beantworten Sie die Fragen entweder schriftlich oder mündlich.

Bombenzerstörte Stadt Gießen

1. Wie und wann wurde die Stadt Gießen zerstört?
2. Was enthielt die Sammlung, die der Sprecher durch die Ausbombung verlor?
3. Was war die oberste Aufgabe der Kommunalverwaltung beim Wiederaufbau nach dem Krieg?
4. Was für Schwierigkeiten gab es?
5. Warum hat er Hemmungen, über die Kommunalpolitik zu sprechen?
6. Was passierte mit ihm 1939?
7. Womit haben die Besatzungsmächte angefangen, einen deutschen Staat aufzubauen?
8. Worüber entflammten sich die Geister bei der Kommunalpolitik?
9. Inwiefern war Gießen eine zertrümmerte Stadt?
10. Wie hat Gießen das nötige Geld zum Aufbau aufbringen können?
11. Was soll der Bürger in der Gemeinde zeigen?

Fragen auf Tonband

Beantworten Sie bitte jetzt die Fragen, die Sie auf dem Tonband hören werden.

Sprachübung

Aufgabe 1 (*Drei Phasen*)   1. Konjunktiv

Mustersatz: Es wurde mir gesagt, *er sei aus Gießen.*
Leitsätze: 1. er sei aus Gießen.
              2. er kenne die Verhältnisse in Gießen.

Wiederaufbau. Behördenzentrum Gießen

3. er habe die Geschichte der Stadt studiert.
4. er selbst schreibe eine kurze Geschichte der Stadt.
5. er studiere die Mundarten der Gegend.
6. er interessiere sich für ein solches Studium.

Aufgabe 2 (*Drei Phasen*)   1. Konjunktiv

Mustersatz: Es wurde mir gesagt, *daß er aus Gießen stamme.*

Leitsätze: 1. daß er aus Gießen stamme.
2. daß er ein Politiker sei.
3. daß er die hiesige Kommunalpolitik kenne.
4. daß er sich für den Aufbau der Stadt interessiere.
5. daß er Artikel über Gießen schreibe.
6. daß er einen großen Bekanntenkreis habe.

Aufgabe 3 (*Drei Phasen*)   1. Konjunktiv

Mustersatz: Es wurde uns gesagt, *er sei Politiker.*

Leitsätze: 1. er sei Politiker.
2. er studiere Politik an der Universität.
3. er gehöre einer der großen Parteien an.
4. er wohne außerhalb der Stadt.
5. er kaufe ein neues Haus.
6. er fahre bald in Urlaub.

Aufgabe 4 (*Drei Phasen*)   1. Konjunktiv

Mustersatz: Es wurde uns gesagt, *daß er ein neues Auto kaufe.*

Leitsätze: 1. daß er ein neues Auto kaufe.
2. daß er sich ein neues Haus wünsche.
3. daß er eine Deutschlandreise mache.
4. daß er ein Buch herausgebe.
5. daß er ein wichtiges Thema bearbeite.
6. daß er neue Methoden gebrauche.

Aufgabe 5 (*Drei Phasen*)   1. Konjunktiv

Mustersatz: Es wurde mir gesagt, *sie solle hübsch sein!*

Leitsätze: 1. sie solle hübsch sein!
2. sie solle gutmütig sein!
3. sie könne so viel essen!
4. sie müsse mindestens 80 Kilo wiegen!
5. sie dürfe eigentlich nicht so viel essen!
6. sie wolle verreisen!

Aufgabe 6 (*Vier Phasen*)   Starke Verben mit 'sein'

Setzen Sie bitte die Verben vom Präsens ins Perfekt um:

Die Sätze sind:

1. Er biegt um die Ecke.
2. Er fährt immer geradeaus.
3. Sie bleibt zu Hause.
4. Viel Regen fällt.
5. Der Reisende fliegt nach München.
6. Es gelingt ihm, zeitig abzureisen.
7. Er reist sehr gern.
8. Es geschieht ein großes Unglück.
9. Sein Geburtstag ist am Donnerstag.
10. Der Barometerstand steigt.

Aufgabe 7 (*Vier Phasen*)   Komparativ des Adjektivs

Die Adjektive sind in den Komparativ zu setzen.

Zum Beispiel:

Sprecher: Der eine ist klar.

Student: Der andere ist klarer.

Die Sätze sind:

1. Der eine ist schlank.   2. Der eine ist stolz.
3. Der eine ist klug.   4. Der eine ist alt.
5. Der eine ist jung.   6. Der eine ist artig.
7. Der eine ist eitel.   8. Der eine ist gut.
9. Der eine ist edel.   10. Der eine ist groß.

Aufgabe 8 (*Vier Phasen*)   1. Konjunktiv

Vor jeden Satz setzen Sie bitte die Wörter: *Es wurde uns erzählt, daß* . . .

Zum Beispiel:

Sprecher: Die Stadt hat viele Neubauten.

Student: Es wurde uns erzählt, daß die Stadt viele Neubauten habe.

Die Sätze sind:

1. Die Stadt hat über 65 000 Einwohner.
2. Die Stadt ist modern.
3. Die Stadtverwaltung soll geändert werden.
4. Die Kommunalpolitiker debattieren heftig.
5. Man streitet oft um die Finanzen.
6. Die regierende Partei versucht, alles ins rechte Licht zu setzen.
7. Die Opposition versucht, Irrtümer ans Tageslicht zu bringen.
8. Eine einzige Frau kandidiert in der kommenden Wahl.

Kommunalpolitik in Gießen

Wahl

9. Der Vorsitzende bewirbt sich um einen Sitz im Landtag.

10. Die neue Wahl findet im Frühjahr statt.

Aufgabe 9 (*Vier Phasen*)   Relativsätze

Aus den zwei Sätzen machen Sie bitte einen Hauptsatz und einen Relativsatz.

Zum Beispiel:

Sprecher: Die Aussichten waren schlecht. Er hatte Aussichten.

Student: Die Aussichten, die er hatte, waren schlecht.

Die Satzpaare sind:

1. (*a*) Die Zukunft war nicht gut.
   (*b*) Er hatte sie vor Augen.

2. (*a*) Die oberste Aufgabe war der Wiederaufbau.
   (*b*) Die Kommunalverwaltung hatte diese Aufgabe.

3. (*a*) Die Finanzierungsmöglichkeiten waren schlecht.
   (*b*) Die Verwaltung mußte sie meistern.

4. (*a*) Die Politiker mußten den Schwierigkeiten entgegentreten.
   (*b*) Die Politiker wurden gewählt.

5. (*a*) Die Parteien stritten über die Probleme.
   (*b*) Die Parteien hatten keine große Macht.

Aufgabe 10 (*Vier Phasen*)

Vor jeden Satz setzen Sie die Wörter: *Er sagt, daß* . . .

Zum Beispiel:

Sprecher: Er ist Gießener.

Student: Er sagt, daß er Gießener ist.

  Die Sätze sind:

1. Er ist 1933 nach Gießen gekommen.
2. Er war damals Mitglied einer demokratischen Partei.
3. Er leitete die Versammlungen der Demokraten.
4. Ihm wurde die Leitung seiner Schule entzogen.
5. Nachher hat er sich zurückhaltend benommen.
6. Er hat viel über Heimatkunde gearbeitet und geschrieben.
7. Er hat ein Buch über die Verhältnisse in Gießen veröffentlicht.
8. Er hat den Krieg überstanden.
9. Er nahm später an der Kommunalpolitik teil.
10. Er wurde Kommunalpolitiker.

Übung
in der Deutschen Sprache

Übung 1

Bilden Sie bitte Adjektive aus den folgenden Wörtern:

Zum Beispiel: Glas — gläsern, glasig.

  Haar — haarig.

  Jugend — jugendlich.

1. Eisen	2. Stahl	3. Holz
4. Stein	5. Metall	6. Chemie
7. Physik	8. Botanik	9. Zoologie
10. Mathematik	11. Zinn	12. Kupfer
13. Moment	14. Zeit	15. Jahr
16. Tag	17. Fremdsprache	18. Mundart
19. Umgangssprache	20. Phonetik	21. Vorteil
22. Rakete	23. Komet	24. Frucht
25. Bild	26. streben	27. lenken
28. lachen	29. fürchten	30. vermeiden
31. zerbrechen	32. erhalten	33. drehen
34. Schweiz	35. Österreich	36. Amerika
37. Asien	38. Australien	39. Europa
40. Bayern		

Übung 2

Was bedeuten die folgenden Abkürzungen:

1. BGB	2. HGB	3. GG
4. StGB	5. ZPO	6. StPO

7. DB	8. DBP	9. DPA
10. DDR	11. CDU	12. CSU
13. FDP	14. SPD	15. KPD
16. NPD	17. Hapag	18. BASF
19. AGFA	20. DIN	21. D-Dur
22. d-Moll	23. U-Bahn	24. E-Zug
25. D-Zug	26. d.M.	27. DM
28. d.J.	29. s.o.	30. Nr.
31. GmbH	32. bzw.	33. d.h.
34. d.i.	35. u.a.	36. v.H.
37. z.Z.	38. s.u.	39. s.a.
40. usw.		

Übung 3   Substantivierte Adjektive

Ergänzen Sie bitte die zutreffenden substantivierten Adjektive:

1. Beide Beamt— nahmen an der Sitzung teil.
2. Einige Delegiert— kamen mit dem Flugzeug.
3. Mehrere Delegiert— fuhren mit dem Zug.
4. Viele andere Delegiert— waren unterwegs.
5. Sämtliche Delegiert— nahmen an der Konferenz teil.
6. Alle Delegiert— mußten daran teilnehmen.
7. Kein Delegiert— war abwesend.
8. Mehrere Deutsch— waren bei der Konferenz.
9. Alle Anwesend— hörten die Vorträge mit großem Interesse.
10. Einige Beamt— nahmen auch an der letzten Sitzung teil.

Übung 4   Da-

Ergänzen Sie bitte die zutreffenden Wörter.
Zum Beispiel: darin, darauf, damit, dabei, usw.

1. Die Abgeordneten haben da— debattiert.
2. Der Bürgermeister nahm da— teil.
3. Sie haben da— keine Entscheidung getroffen.
4. Sie waren da— nicht fertig.
5. Der Vorsitzende war da— nicht überzeugt.
6. Er hat da— keinen Beschluß fassen können.
7. Es nahmen die obersten Beamten teil, da— ein Obersekretär.
8. Sie fuhren mit dem Zug da—.
9. Er hatte nichts da—.
10. Sie haben da— ihr Ziel erreicht.

Übung 5   Temporalsätze

Das Zeitverhältnis in einem Temporalsatz wird durch die Konjunktion und das Tempus des Verbs ausgedrückt. Solche Konjunktionen sind:

Vorzeitig: bevor, ehe

Gleichzeitig: als, während, solange.
Nachzeitig: nachdem, seit(dem).

Ergänzen Sie bitte die folgenden Sätze durch die zutreffenden Konjunktionen:

1. — der Sprecher über die Zukunftsmöglichkeiten der Stadt gesprochen hatte, beschrieb er die Ausbombung Gießens.
2. — er seine Sammlung zur Herausgabe eines Gießener Wörterbuches verloren hatte, fehlten ihm alle Unterlagen.
3. — die ersten Bomben fielen, stand er auf offener Straße.
4. — er durch die Stadt ging, sah er sich die Ruinen an.
5. — die Kommunalverwaltung mit dem Wiederaufbau der Stadt beginnen konnte, mußten sie die nötigen Mittel dazu haben.
6. — die Mittel vorhanden waren, begann die Arbeit.
7. — keine finanziellen Mittel zur Verfügung waren, haben die Kommunalpolitiker an andere Möglichkeiten denken müssen.
8. — der Wiederaufbau im Gang war, konnte weiter geplant werden.
9. — ihm die Leitung seiner Schule entzogen worden war, hat er sich sehr zurückhaltend benommen.
10. — man überhaupt nationale Politik betreiben konnte, mußte man die kleinsten Zellen, die Gemeinden, wiederaufbauen.

Übung 6   Relativsätze als Attribut
Die Sätze sind zusammenzusetzen, so daß Haupt- und Relativsatz entstehen.

Zum Beispiel:
Er sprach über die Zerstörung.
Die Zerstörung hat sich durch die Ausbombung der Stadt ergeben.
Er sprach über die Zerstörung, die sich durch die Ausbombung der Stadt ergeben hat.

Die Satzpaare sind:

1. (a) Die Stadt Gießen war die Vaterstadt des Sprechers.
   (b) Die Stadt hat über 70 000 Einwohner.
2. (a) Die Stadt Gießen war seine Vaterstadt.
   (b) Er wohnte in dieser Stadt.
3. (a) Das Buch in Vorbereitung war ein Gießener Wörterbuch.
   (b) Damit hat er sich viel Mühe gegeben.
4. (a) Nach dem Zweiten Weltkrieg wurde die Kommunalpolitik wieder gestattet.
   (b) Er nahm daran teil.
5. (a) Er wollte Werturteile über die heutige Lage vermeiden.
   (b) Die Werturteile könnten die gewählten Kommunalpolitiker treffen.
6. (a) Nach dem Kriege schrieb er viel Heimatkundliches.
   (b) Das lag ihm am Herzen.

7. (a) Die Kommunalpolitiker streiten sich meistens über Finanzen.
   (b) Sie sind die gewählten Repräsentanten der Bevölkerung.
8. (a) Die Kommunalverwaltung erhält viel Unterstützung.
   (b) Sie bekommen Zuschüsse vom Bund.
9. (a) Die Gemeinde ist die kleinste Zelle.
   (b) Sie entfaltet politisches Leben.
10. (a) Die Gemeinde ist die kleinste Zelle.
    (b) Der Bürger soll und kann zeigen, daß er an seinem Land und an den Geschicken seines Landes Anteil nimmt.

Übung 7   Indirekte Fragesätze

Die folgenden Sätze sind zu vervollständigen:

1. Es wurde ihm nicht gesagt, wer . . .
2. Er sagte uns nicht, was . . .
3. Er wollte wissen, was für eine . . .
4. Er überlegte sich, was . . .
5. Er wußte nicht, was für ein . . .
6. Man hat uns nicht gesagt, warum . . .
7. Man erzählte uns, wann . . .
8. Ich weiß nicht, wer . . .
9. Ich weiß auch nicht, wohin . . .
10. Wir wissen überhaupt nicht, woher . . .
11. Wir überlegen gerade, wo . . .
12. Wir wissen, wer . . .
13. Man weiß nie, was für ein . . .
14. Man weiß nie, wie . . .
15. Es wurde uns erzählt, wie . . .
16. Es wurde uns erzählt, wo . . .
17. Wir wissen ganz genau, was . . .
18. Wir wissen ganz genau, wie . . .
19. Wir möchten wissen, was für ein . . .
20. Wir möchten auch wissen, was . . .

Übung 8   Adjektive und Partizipien und Präpositionalobjekte

Ergänzen Sie bitte die folgenden Sätze durch zutreffende Präpositionen:

1. Die Opposition kämpft immer hart — die Regierenden.
2. Die Regierenden sind oft mißtrauisch — der Opposition.
3. Die Bevölkerung ist leider oft gleichgültig — beide.
4. Der einfache Bürger interessiert sich — die Politik.
5. Der einfache Bürger ist geneigt — der Annahme, daß ein Politiker für seine eigenen Interessen arbeitet.
6. Er ist meistens besorgt — seine eigene finanzielle Lage.
7. Er ist aber selten einverstanden — allem, was für ihn getan wird.
8. Der eine ist eifersüchtig — den anderen.

9. Nicht alle sind fähig — einem Amt.
10. Politische Ereignisse sind wichtig — uns alle.
11. Geduld und ein soziales Gewissen sind wesentlich — einen Politiker.
12. Diese Eigenschaften sind nicht nachteilig — das tägliche Leben.
13. Die politische Tätigkeit kann — das Eheleben verderblich sein.
14. In der Kommunalpolitik ist der Gewählte — seiner Partei nicht so abhängig.
15. Ein Kommunalpolitiker sollte vielleicht auch — der Landespolitik Bescheid wissen.
16. Der Kommunalpolitiker ist oft — sich selbst angewiesen.
17. Er kann auch stolz — seine oft unbezahlte Leistung sein.
18. Er kann — seiner Leistung zufrieden sein.

Übung 9 Indirekte Fragesätze

Die folgenden Sätze sind zu vervollständigen:

1. Ob der Politiker . . . , ist zweifelhaft.
2. Ob ein Beamter . . . , ist nicht immer klar.
3. Ob die Regierenden . . . , steht noch nicht fest.
4. Ob die Opposition . . . , ist in Zweifel gestellt.
5. Ob der Bürger . . . , ist immer noch anzuzweifeln.
6. Man weiß nicht, ob . . .
7. Man kann nicht wissen, ob . . .
8. Wir wissen immer noch nicht, ob . . .
9. Ich weiß nicht, ob . . .
10. Wir sollten wissen, ob . . .
11. Die Ungewißheit, ob . . . , bedrückt uns alle.
12. Der Zweifel, ob . . . , läßt mir keine Ruhe.
13. Die Unsicherheit, ob . . . , bringt mich aus der Fassung.
14. Die Ungewißheit, ob . . . , läßt ihm keine Ruhe.
15. Der Zweifel, ob . . . , verwirrt uns alle.

Übung 10 Wortschatz

Was ist:

1. Eine Gemeinde
2. Ein Ausschuß
3. Eine Konferenz
4. Ein Kongreß
5. Eine Tagung
6. Kommunalverwaltung
7. Ein Beamter
8. Ein Angestellter
9. Ein Stadtsekretär
10. Eine politische Partei?

Übung 11   Zusammenfassung

Fassen Sie bitte das folgende Stück aus dem Taschenbuch 'Die Bundes-
wahl 1965' von Egon Klepsch, Günther Müller und Rudolf Wildenmann (Günter Olzog Verlag. München-Wien) Band GS 109 S. 38–39,
in nicht mehr als 80 Wörtern zusammen:
'Die Wähler sind selbstbewußter und kritischer geworden — die
Wahlkämpfe fairer und leerer!

Die große Versuchung aller drei Parteien in dieser Situation ist die
Absicht, primär nicht um Vertrauen für ein konkretes politisches
Programm zu werben, sondern Mißtrauen gegen die Gegenspieler zu
säen. Die Folge davon wäre, wenn dieser Hang zu groß werden sollte,
nicht nur ein qualvoll offener, sondern auch ein qualvoll leerer, aller
Politik entleerter Wahlkampf. Ganz hat sich keine der Parteien von
dieser Versuchung frei gemacht, doch scheinen gerade die vorliegenden
Informationen über die Wähler solchen Erscheinungen eine Grenze zu
setzen. Es liegt näher, den Wahlkampf als "Vertrauenswerbung" und
mit einer "positiven Selbstdarstellung" zu führen, nicht den Gegner
verächtlich zu machen, sondern die eigene Partei strahlender erscheinen
zu lassen. Auch die Werbeberater der Parteien scheinen in diese
Richtung gewiesen zu haben. Aber auch diese Methode führt zwangsläufig zu einer gewissen Entleerung der Politik.

Dennoch erfüllt ein solcher Wahlkampf bis zu einem gewissen Grade
die für eine parlamentarische Demokratie (neben anderem) not-
wendigen Bedingungen der Machtkonkurrenz. Dafür sprechen eine
Reihe von Tatsachen. Alle als "unfair" empfundenen Methoden
vermehren die Stimmen des Gegners. Die Wähler sind gegen solche
Auswüchse empfindlich geworden.'

Meinungen

1. Warum bezeichnet der Sprecher Gießen als seine Vaterstadt?

2. Wie stellen Sie sich seine Sammlung zur Herausgabe eines
   Wörterbuches vor?

3. Gießen war eine stark zerstörte Stadt. Was wäre die oberste
   Aufgabe der Kommunalverwaltung gewesen? Stellen Sie bitte eine
   Liste der ersten zehn Aufgaben für den Wiederaufbau Gießens auf.
   Warum haben Sie Ihre Liste so geordnet?

4. Woraus besteht eine Kommunalverwaltung in einer Stadt wie
   Gießen?

5. Wann und wie ist die Finanzierung des Wiederaufbaus bewerkstel-
   ligt worden?

6. Kann man über Politik — und zwar über Kommunalpolitik —
   sprechen, ohne eine Wertung oder ein Werturteil über Personen
   hineinzubringen?

Nationaldemokratische Partei Deutschlands

7. Was war in großen Zügen das Schicksal der Weimarer Republik? Wie ist sie entstanden?

8. Was ist ein Demokrat?

9. Was war ein Demokrat zur Zeit der Weimarer Republik?

10. Warum, glauben Sie, wurde dem Sprecher 1933 die Leitung seiner Schule entzogen?

11. Welches waren die Besatzungsmächte nach dem Zweiten Weltkrieg? Welche Gebiete haben die einzelnen Besatzungsmächte besetzt?

12. Wann, inwiefern und wie haben sie den Deutschen die Macht zurückgegeben?

13. Aus welchen Gründen haben die Besatzungsmächte den deutschen Staat aus den kleinsten Zellen wiederaufgebaut?

14. Wie wurde der Wiederaufbau solcher Städte wie Gießen finanziert?

15. Sollte ein Kommunalpolitiker ein Gehalt bekommen?

16. Wer regiert: die gewählten Kandidaten oder die Beamtenschaft?

17. 'Die Wahlkämpfe (sind) fairer und leerer'. (Übung 11). Besteht dadurch eine Gefahr für die Demokratie?

18. Gibt es in einer Stadtverwaltung mehr Individualismus als auf der staatlichen Ebene?

19. Was, glauben Sie, zieht eine Person zur Politik?

20. Was sind die Hauptaufgaben einer Stadtverwaltung in der Bundesrepublik?

21. Sollte ein Lehrer in der Öffentlichkeit Politik treiben?
22. Welche Bürger sind in der Bundesrepublik wahlberechtigt?
23. Wie wird man Kandidat?
24. Was ist 'Das Bürgerliche Gesetzbuch'?
25. Ist die Demokratie in der Bundesrepublik gesichert?

Transkription

Die folgenden Stücke von der originalen Tonbandaufnahme sind zu transkribieren:

1. Von   'Ich gestehe offen' . . .
   bis . . . 'schon manches veröffentlicht habe'.
2. Von   'Er hatte da Gelder besorgen können' . . .
   bis . . . 'größer geplant werden'.
3. Von   'Sie wissen, die Kommunalpolitiker bestreiten sich' . . .
   bis . . . 'der andere will gerne weiter sehen für die Zukunft'.

Bibliographie

Volker Larsen, *ABC der Staatsbürgerkunde*, Goldmanns Gelbe Taschenbücher, Band 1567.
Die Rechte und Pflichten in Staat, Beruf und Familie.

Egon Klepsch, Günther Müller, und Rudolf Wildenmann, *Die Bundestagswahl 1965*. Geschichte und Staat Serie GS 109, Günter Olzog Verlag, München-Wien.

Peter Scholz, *Die Deutsche Demokratie*. Geschichte und Staat Serie GS 101/2.

Theodor Eschenburg, *Zur politischen Praxis in der Bundesrepublik: Kritische Betrachtungen 1961–65*, Band 2, Piper Paperback, 1966.

12. ORTS- UND LANDESPOLITIK

Zusammenfassung

Der Sprecher, der in den Dreißigern ist, ist ein Wissenschaftler aus Offenbach am Main. Er spricht über Orts- und Landespolitik, insbesondere über die Politik seines Landes Hessen. Organisatorische Fragen und die Aufgaben der Politiker werden nicht nur theoretisch, sondern auch in bezug auf die Sonderstellung behandelt, die durch die Tradition der Stadt Frankfurt in Hessen gegeben ist. Zum Schluß äußert er sich über das Verhältnis der Politiker zur Exekutive.

Frage und Antwort

Aufnahme 12

Bitte lesen Sie zunächst die Fragen durch, so daß Sie deren Bedeutung genau kennen. Hören Sie die Tonbandaufnahme 2–3 mal an, und beantworten Sie die Fragen entweder schriftlich oder mündlich.

1. Welche politische Partei hatte zur Zeit der Tonbandaufnahme die Führung in Frankfurt?

Der Römer in Frankfurt am Main

Verkehrspolizei Frankfurt

2. Wer kontrollierte die Besetzung der Magistratsposten zur Zeit der Aufnahme?

3. Was ist der Meinung des Sprechers nach die entscheidende Aufgabe der Stadtverwaltung und der Landesregierung?

4. Was gilt dem Sprecher als 'Wohl der Bürger'?

5. Wodurch sorgen die Stadtväter für den Wohlstand der Stadt?

6. Was für Firmen bauen sich im Stadtrandgebiet an?

7. Inwiefern ist das Stadtparlament Frankfurts mächtiger als das anderer hessischer Städte?

8. Wo werden alle großen innenpolitischen Entscheidungen getroffen?

9. Wie heißt das Parlament eines Landes?

10. Untersteht die Polizei Frankfurts der Stadtverwaltung oder dem Land Hessen?

11. Wo hat die Legislative des Landes ihren Sitz?

Fragen auf Tonband

Beantworten Sie bitte jetzt die Fragen, die Sie auf dem Tonband hören werden.

Sprachübung

Aufgabe 1 (*Drei Phasen*)   2. Konjunktiv bei Nichtwirklichkeit

Mustersatz: *Ein schnelleres Bauen wäre möglich*, wenn genügend Mittel vorhanden wären.

Leitsätze: 1. Ein schnelleres Bauen wäre möglich,

2. Das Bauprogramm hätte mehr Schwung,
3. Die Herrichtung von Grünanlagen ginge schneller,
4. Der Bauunternehmer käme rascher vorwärts,
5. Man dächte mehr an soziale Verbesserungen.

Aufgabe 2 (*Drei Phasen*)   **2. Konjunktiv**

Mustersatz: Er wünschte, *daß die Verkehrssituation besser wäre.*

Leitsätze: 1. daß die Verkehrssituation besser wäre.
2. daß seine Partei die absolute Mehrheit hätte.
3. daß es eine stärkere staatliche Finanzhilfe gäbe.
4. daß der Wiederaufbau schneller ginge.
5. daß man größere Fortschritte sähe.

Aufgabe 3 (*Drei Phasen*)   **2. Konjunktiv: würde + Infinitiv**

Mustersatz: Er meinte, *daß die führende Partei mehr schaffen würde.*

Leitsätze: 1. daß die führende Partei mehr schaffen würde.
2. daß diese Partei eine größere Mehrheit haben würde.
3. daß die Stadtverwaltung mehr leisten würde.
4. daß sich der ökonomische Wohlstand der Stadt verbessern würde.
5. daß eine Baufirma vorhandene Grünflächen bebauen würde.
6. daß der wirtschaftliche Wohlstand bleiben würde.

Aufgabe 4 (*Drei Phasen*)   **2. Konjunktiv**

Mustersatz: Er war der Meinung, *die Verkehrssituation wäre besser.*

Leitsätze: 1. die Verkehrssituation wäre besser.
2. seine Partei hätte die absolute Mehrheit.
3. es gäbe eine große staatliche Finanzierung.
4. der Wiederaufbau ginge schneller.
5. man sähe größere Fortschritte.

Aufgabe 5 (*Drei Phasen*)   **2. Konjunktiv: würde + Infinitiv**

Mustersatz: Durch ein stärkeres Sozialprogramm würde die Stadt vielleicht *den Wohlstand erhöhen.*

Leitwörter: 1. den Wohlstand erhöhen.
2. den Aufbau kontrollieren.
3. den Aufschwung erhalten.
4. die Opposition beruhigen.
5. die Bevölkerung zufriedenstellen.
6. den armen Bürgern helfen.

Aufgabe 6 (*Vier Phasen*)   **Possessivpronomen**

Die Behauptungen sind positiv zu beantworten mit einer Wiederholung des Inhalts.

Zum Beispiel:

Sprecher: Er interessierte sich für Politik. Und seine Frau?

Student: Seine Frau interessierte sich auch für Politik.

Die Sätze sind:

1. Er gab seine Stimme einer Linkspartei. Und seine Frau?
2. Sein Bruder gab seine Stimme einer Rechtspartei. Und seine Frau?
3. Er äußerte seine Meinung über Ortspolitik. Und seine Eltern?
4. Er machte sich Gedanken über sein eigenes Verhalten. Und seine Frau?
5. Er änderte seinen Standpunkt. Und die anderen Bürger?
6. Er verkaufte sein altes Haus. Und seine Eltern?

Aufgabe 7 (*Vier Phasen*)   1. Konjunktiv

Wiederholen Sie bitte die Behauptungen nach dem folgenden Muster:

Sprecher: 'Ich studiere den ganzen Tag', sagte er.

Student: Er sagte, er studiere den ganzen Tag.

Die Sätze sind:

1. 'Ich habe den ganzen Tag zu tun', sagte sie.
2. 'Ich arbeite im Zentrum der Stadt', sagte sie.
3. 'Ich fahre mit dem Bus Nr. 9', sagte sie.
4. 'Ich meide das Gedränge in der Stadt', sagte sie.
5. 'Ich sehe mir gern die Schaufenster an', sagte sie.
6. 'Ich versuche, viel Geld zu sparen', sagte sie.
7. 'Ich bin kein eifriger Sparer', sagte er.
8. 'Ich erwarte eine kleine Zulage', sagte er.
9. 'Ich sehe aber keine Möglichkeit', sagte er.
10. 'Ich setze mein Studium fort', sagte er.

Aufgabe 8 (*Vier Phasen*)   Starke Verben

Setzen Sie bitte die Verben vom Passiv ins Aktiv um.

Zum Beispiel:

Sprecher: Die Entscheidung wurde von der Stadtverwaltung getroffen.

Student: Die Stadtverwaltung traf die Entscheidung.

Die Antwort muß im Imperfekt stehen.

Die Sätze sind:

1. Die Entscheidung wurde vom Bund getroffen.
2. Die ökonomische Lage wurde von der Landesregierung besprochen.
3. Der Vorschlag wurde von der Opposition bekämpft.
4. Die Ratschläge des alten Staatsmannes wurden von den Politikern erwogen.
5. Der Gesetzentwurf wurde von dem Vorsitzenden gestrichen.

6. Die Tagesordnung wurde von dem Vorsitzenden verlesen.
7. Der Name des Sprechers wurde vom Vorsitzenden aufgerufen.
8. Viel Zeit wurde von der Opposition in Anspruch genommen.
9. Volle Verantwortung wurde von dem Leiter der Partei verlangt.
10. Der erste Sprecher wurde von dem Leiter der Partei ernannt.

Aufgabe 9 (*Vier Phasen*)   Rangordnung des Modalverbs
                                           am Ende eines Satzes

Setzen Sie bitte die Verben vom Präsens ins Perfekt um.

Zum Beispiel:

Sprecher: Er kann über die Politik in Hessen sprechen.

Student: Er hat über die Politik in Hessen sprechen können.

Die Sätze sind:

1. Er kann über die Stadt Frankfurt sprechen.
2. Die Partei mit den meisten Stimmen kann die Führung übernehmen.
3. Die führende Partei will immer die absolute Mehrheit haben.
4. Die Kandidierenden müssen erst gewählt werden.
5. Das Wohl der Bürger soll im Vordergrund stehen.
6. Die Gewählten müssen die Bürger repräsentieren.
7. Ratsherren können das Wohlergehen einer Stadt spürbar beeinflussen.
8. Die Exekutive kann sich bemerkbar machen.
9. Die Legislative beim Bund will die Oberhand haben.
10. Der Bundestag muß sich mit Außenpolitik befassen.

Aufgabe 10 (*Vier Phasen*)   Rangordnung des Modalverbs
                                           am Ende eines Satzes

Setzen Sie bitte die Verben vom Präsens ins Perfekt um.

Zum Beispiel:

Sprecher: Ich weiß, daß er über die Politik in Hessen sprechen kann.

Student: Ich weiß, daß er über die Politik in Hessen hat sprechen können.

Die Sätze sind:

1. Ich weiß, daß er über Frankfurt sprechen kann.
2. Ich weiß, daß die Mehrheitspartei die Führung übernehmen soll.
3. Ich weiß, daß diese Partei immer die absolute Mehrheit haben will.
4. Ich weiß, daß die Leute erst wählen müssen.
5. Ich weiß, daß das Wohl der Bürger im Vordergrund stehen soll.
6. Ich weiß, daß die Gewählten die Bürger repräsentieren müssen.
7. Ich weiß, daß die Ratsherren das Wohlergehen einer Stadt beeinflussen können.
8. Ich weiß, daß die Exekutive sich bemerkbar machen kann.

9. Ich weiß, daß die Legislative des Bundes die Oberhand haben muß.
10. Ich weiß, daß der Bundestag sich mit Außenpolitik befassen muß.

Übung
in der Deutschen Sprache

Übung 1   **Präfixe**

Bilden Sie bitte so viele neue Wörter wie möglich mit den Präfixen *un,*
ur, miß, aus den folgenden Wörtern:

alt	farbig	Achtung	Treue
tönend	komisch	Mensch	Tier
beträchtlich	berechenbar	Brauch	Handlung
deutsch	klar	Erfolg	Stoff
behaglich	verwandt	Sinn	Zeit
erfüllbar	achten	Wald	Form
günstig	deuten	Kosten	Klang
gefällig	natürlich	Ruhe	Sache
eben	trauen	Geschichte	Wirtschaft
verständlich	vergnügt	Stimmung	Zuverlässigkeit

Übung 2   **Das adjektivische Attribut**

Suchen Sie bitte drei passende Adjektive zu jedem der folgenden
Wörter aus. Dasselbe Adjektiv soll nicht zweimal gebraucht werden.

Zum Beispiel:

Der Wohlstand: der bürgerliche Wohlstand, der heutige Wohlstand,
        der amerikanische Wohlstand.

Die Politik	Sozialprogramm
Ein Politiker	Der Wohlstand
Der Bürger	Die Freiheit
Der Abgeordnete	Die Unzufriedenheit
Steuern	Eine Wahl
Ein Stadtvater	Hessen

Übung 3   **Adjektive: der Superlativ**

Geben Sie bitte die Sätze im Superlativ wieder.

Zum Beispiel:

   Ist diese Stadt schön? *Ja. Diese Stadt ist die schönste.*
   Ist der Boden fruchtbar? *Ja. Der Boden ist der fruchtbarste.*

1. War die letzte Wahl fair?
2. Ist die radikale Partei stark?
3. War die Versammlung in dieser Stadt groß?
4. War der Wahlkampf hart?
5. War das Programm der neuen Partei klar?

6. War die Mehrheit in diesem Land gering?
7. Ist das Wohl der Bürger die entscheidende Aufgabe?
8. Ist unser Kandidat alt?
9. Ist der Kandidat in der nächsten Stadt jung?
10. Ist er gut?
11. Ist sein Wirtschaftsplan durchdacht?
12. Ist sein Gegner in seiner Redeweise gewandt?

Übung 4   Adjektive: der Komparativ und der Superlativ

Ergänzen Sie bitte diese Tabelle:

Positiv	Komparativ	Superlativ
fleißig	fleißiger	der die das } fleißigste
falsch		
klug		
groß		
heiß		
stolz		
toll		
schnell		
nobel		
fromm		
logisch		
heiter		
berühmt		
froh		
frisch		

1. Gibt es Zweifelsfälle?
2. Welche Steigerungen würden Sie aus logischen Gründen nicht gebrauchen?

Übung 5   Stellung des Adjektivs

Bei mehreren nebengeordneten Adjektiven richtet sich deren Reihenfolge meistens nach ihrem Mitteilungswert, aber auch nach dem Wohlklang. Welche Reihenfolge würden Sie in den folgenden Fällen wählen?

Zum Beispiel:

Die Punkte: wichtig, entscheidend
Die entscheidenden, wichtigen Punkte.

Die Lage: schlecht, politisch
Die schlechte politische Lage.

1. Der Wahlkampf: groß, letzt

 2. Die Wahl: entscheidend, letzt
 3. Die Mehrheit: absolut, überwältigend
 4. Die Politik: einheimisch, gesamt
 5. Die Städte: groß, industriell
 6. Die Aufgabengebiete: entscheidend, politisch
 7. Die Lage: weltpolitisch, wichtig
 8. Die Bedeutung: problematisch, weltpolitisch
 9. Der Einfluß: politisch, stark
10. Die Objekte: kulturell, politisch
11. Die Art: grob, rücksichtslos
12. Die Einrichtung: notgedrungen, provisorisch
13. Die Situation: peinlich, unerwartet
14. Die Art: klug, modern
15. Der Wohlstand: bürgerlich, gut
16. Der Aufschwung: erfreulich, wirtschaftlich
17. Der Wohlstand: neu, ökonomisch
18. Die Frage: organisatorisch, schwer
19. Die Entscheidung: außenpolitisch, bedeutungsvoll
20. Die Erscheinung: neu, teuer.
   Besteht die Möglichkeit die Wörter anders in Gebrauch zu nehmen?

Zum Beispiel:

   Die Städte: industriell, groß
   Die groß industriellen Städte (groß—Adverb)
   Die großen Industriestädte (Industriestädte — zusammengesetztes Wort)

Übung 6   Indirekte Fragesätze

Zum Thema: 'Politik' auf einer nationalen oder internationalen
Ebene. Ergänzen Sie bitte die aufgeführten Sätze.

Zum Beispiel:

   Ich wußte nicht, was für eine . . .
   Ich wußte nicht, was für eine Regierung an der Macht war.

 1. Man weiß nicht, wer . . .
 2. Man weiß nicht, wen . . .
 3. Wir wissen nicht, wessen . . .
 4. Wir möchten wissen, was für ein(e) . . .
 5. Wir möchten wissen, woher . . .
 6. Er weiß nicht, warum . . .
 7. Ich weiß nicht, wohin . . .
 8. Ich überlege mir, wie . . .
 9. Er überlegt sich, weshalb . . .
10. Er möchte wissen, wann . . .
11. Er will unbedingt wissen, wie . . .
12. Er weiß immer noch nicht, was . . .

Übung 7 Fragesätze

Fragesätze können durch die Wörter *wo*, *wohin*, *worüber*, *wobei* usw. gebildet werden. Ergänzen Sie bitte die Fragewörter in den folgenden Fragesätzen:

1. Wo— kommst du?
2. Wo— gehst du?
3. Wo— sprachen die beiden?
4. Wo— werden sie teilnehmen?
5. Wo— würden Sie die entscheidenden Aufgabengebiete eines Landesparlaments sehen?
6. Wo— kann ein Abgeordneter dienen?
7. Wo— kann er sein Ziel erreichen?
8. Wo— bekommt er seine Unterstützung?
9. Wo— kann er sich richten?
10. Wo— kann er kämpfen?

Übung 8 Rektionsschwierigkeiten bei Präpositionen

In der deutschen Sprache gibt es Rektionsschwierigkeiten bei Präpositionen (Siehe *Der Große Duden: Grammatik* (4) S. 304–309, 1. Auflage 1959 und S. 319–325, 2. Auflage 1966).

In dieser Übung gibt es Satzpaare, die zu kritisieren sind. Welcher Satz ist richtig? Welcher falsch? Vielleicht beide?

1. (*a*) Die Wahlergebnisse sind alle bekannt, bis auf einigen vom Lande.
   (*b*) Die Wahlergebnisse sind alle bekannt, bis auf einige vom Lande.
2. (*a*) Dank seines Programms wurde er gewählt.
   (*b*) Infolge seines Programms wurde er gewählt.
3. (*a*) Die Steuer wird durch das Finanzamt eingezogen.
   (*b*) Die Steuer wird von dem Finanzamt eingezogen.
4. (*a*) Durch das Unwetter gingen nicht viele Leute zur Wahl.
   (*b*) Wegen des Unwetters gingen nicht viele Leute zur Wahl.
5. (*a*) Zufolge der Wahl hatte die Partei eine absolute Mehrheit.
   (*b*) Der Wahl zufolge hatte die Partei eine absolute Mehrheit.
6. (*a*) Wegen ihrer absoluten Mehrheit konnte die Partei ihr Programm durchführen.
   (*b*) Infolge ihrer absoluten Mehrheit konnte die Partei ihr Programm durchführen.
7. (*a*) Er wurde durch seine Parteianhänger gewählt.
   (*b*) Er wurde von seinen Parteianhängern gewählt.
8. (*a*) Er wurde nicht gewählt — dank seiner Nachlässigkeit.
   (*b*) Er wurde nicht gewählt — wegen seiner Nachlässigkeit.
9. (*a*) Wegen seiner Originalität wurde er gewählt.
   (*b*) Dank seiner Originalität wurde er gewählt.

10. (a) Seit voriger Woche ist er Landtagsabgeordneter.
    (b) Vor voriger Woche ist er Landtagsabgeordneter.
11. (a) Vor einer Woche wurde er gewählt.
    (b) Seit einer Woche wurde er gewählt.
12. (a) Laut seiner Mitteilung ist die politische Lage schlecht.
    (b) Laut Mitteilung ist die politische Lage schlecht.
13. (a) Während der Debatte gab es eine kritische Auseinandersetzung.
    (b) In der Debatte gab es eine kritische Auseinandersetzung.
14. (a) Durch diese Debatte sind wichtige Entscheidungen getroffen
        worden.
    (b) Infolge dieser Debatte sind wichtige Entscheidungen getroffen
        worden.
15. (a) Er ging nach dem Bundeshaus.
    (b) Er ging zum Bundeshaus.

Übung 9   Modalsätze

Modalsätze deuten oft Umstände an, wie Qualität, Intensität, Proportion oder das Verhalten des Subjekts. Konjunktionen wie: *indem, so . . . wie, als, je . . . desto, je . . . umso, als ob, als wenn, sofern, soweit, nur daß, ohne daß* usw. können gebraucht werden.

Ergänzen Sie bitte die folgenden Sätze:

1. Er war sehr entgegenkommend, indem er . . .
2. Er war genau so fleißig, wie . . .
3. Er ist fleißiger, als . . .
4. Er benimmt sich aber, als ob . . .
5. Er ist ein guter Abgeordneter, nur daß . . .
6. Er nahm kürzlich an einer Debatte teil, ohne daß . . .
7. Sein Standpunkt war gerechtfertigt, sofern . . .
8. Seine Ideen waren klar, soweit . . .
9. Je länger er sprach, desto . . .
10. Je mehr er seinen Plan erklärte, um so . . .
11. Die Exekutive hat die Macht, soweit . . .
12. Der Landtag spielt eine Rolle in der Politik, nur daß . . .
13. Die Stadtverwaltung spielt auch eine Rolle, ohne daß . . .
14. Die Polizei untersteht dem Land, indem . . .
15. Je mehr die Stadt bewohnt ist, um so . . .
16. Je größer das Sozialprogramm, desto . . .
17. Der Vorsitzende des Ausschußes äußerte sich, als ob . . .
18. Der Abgeordnete sprach, als wenn . . .

Übung 10   Beschreibung

Beschreiben Sie bitte die Bilder in diesem Buch, die sich auf Politik beziehen, wie zum Beispiel das Bundeshaus. Nach jeder Beschreibung erklären Sie, inwiefern die Objekte einen politischen Zusammenhang haben.

Meinungen

1. Wie wird man Bundestagsabgeordneter?
2. Wieviel Abgeordnete sind im Bundestag? Wie viele von ihnen wurden durch Personenwahl direkt gewählt?
3. Was ist die Landesliste bei der Bundestagswahl?
4. Wer kann wählen?
5. Wie wählt man?
6. Wie wird ein Minister gewählt oder ernannt?
7. Welche Kandidaten der CDU/CSU kommen heute für diese Ämter in Frage?
8. Welche Kandidaten der SPD?
9. Wer sind heute die führenden Politiker der FDP?
10. Wie heißen die anderen Parteien? Was sind ihre Programme?
11. Wie lauten die Ergebnisse der Bundestagswahlen seit 1949?
12. Wie lauten die Ergebnisse der Landtagswahlen seit 1946 in (*a*) Schleswig-Holstein, (*b*) Bayern, (*c*) Niedersachsen, (*d*)Hamburg, (*e*) Hessen und (*f*) Nordrhein-Westfalen?
13. Wie ist die Sitzverteilung in den Landesparlamenten?
14. Wie entstanden die politischen Parteien in Deutschland?
15. Welche Eigenschaften soll ein Bundestagsabgeordneter besitzen?
16. Welche Eigenschaften soll ein Stadtrat (Ratsherr) besitzen?
17. Warum befassen sich so wenig Frauen mit Politik?
18. Sollen sich Frauen mehr mit Politik befassen?
19. 'Die Bundesregierung ist in Bonn.' Warum in Bonn? Was bedeutet 'die Bundesregierung'?
20. Wie kann eine Stadt den Wohlstand ihrer Bürger verbessern?
21. Haben Ihre Verwandten und Bekannten Interesse an Politik oder nicht? Warum?
22. Gibt es in der Bundesrepublik eine politische Spaltung zwischen der jüngeren Generation und ihren Eltern? Wenn ja: Ist diese Spaltung politisch, moralisch oder ökonomisch bestimmt?
23. Worin liegt das Wohl des Bürgers?
24. Inwiefern ist der Bürger moralisch verpflichtet, an der Politik teilzunehmen?

Zeitungskiosk

25. Welchen Einfluß hat das Fernsehen auf die Politik?
26. Was für einen Einfluß haben die Zeitungen und Zeitschriften?

Transkription

Die folgenden Stücke von der originalen Tonbandaufnahme sind zu transkribieren:

1. Von   'Wir sind in Hessen' . . .
   bis . . . 'da es die größte Stadt in Hessen ist.'

2. Von   'Ja. Als erste Aufgabe' . . .
   bis . . . 'oder stadtpolitischen Belangen.'

3. Von   'Können Sie mir Auskunft geben' . . .
   bis . . . 'in dem neuen Staat der Bundesrepublik.'

Bibliographie

Günter Olzog, *Die politischen Parteien*. Band GS 104 in der Serie 'Geschichte und Staat'. Günter Olzog Verlag. München—Wien.

Egon Klepsch, Günther Müller und Rudolf Wildemann, *Die Bundestagswahl 1965*. Band GS 109 in derselben Serie. Günter Olzog Verlag. München–Wien.

Peter Scholz, *Die deutsche Demokratie*. Band GS 101/102 in derselben Serie.

Hermann Schreiber, *So leben wir heute*. Goldmann Taschenbuch, Nr. 1703.

13. KARNEVAL

Zusammenfassung

Eine junge Bonnerin beschreibt die Vorbereitungen für den Karneval. Am 11. November wird damit offiziel begonnen; Schlager werden gespielt, Vorträge geprobt und eine 'Bonna' und ein Prinz werden gesucht. Im neuen Jahr werden weitere Vorbereitungen getroffen; Repräsentanten für den Karneval werden gefunden und Kostüme werden anprobiert. Anfang Februar findet ein großes Fest — die Kürung — statt, und dann kommt die Weiberfastnacht. An diesem Tag gehört die Stadt den Frauen. Die Sprecherin beschreibt andere Begebenheiten und Sitten, die zu dem Bonner Karneval gehören, wie die Erstürmung des Rathauses, und das komische Benehmen der Stadtsoldaten. Den Höhepunkt des Karnevals bildet der Rosenmontagszug.

Frage und Antwort

Aufnahme 13

Lesen Sie bitte zunächst die Fragen durch, so daß Sie deren Bedeutung genau kennen. Hören Sie die Aufnahme 2–3 mal an, und beantworten Sie die Fragen entweder schriftlich oder mündlich.

1. Wann fängt die Karnevalszeit in Bonn an?
2. Was geschieht am 11. November?
3. Welche Vorbereitungen werden im Januar getroffen?
4. Wann findet die Prinzenproklamation statt?
5. Was geschieht in Bonn an dem Sonntag vor Aschermittwoch?
6. Was versprechen die Stadtsoldaten, sobald sie die Herrschaft über die Stadt Bonn haben?
7. Was ist die sogenannte Inhaftierung?
8. Wofür sammeln die Stadtsoldaten Geld?
9. Ist der Rosenmontag im Rheinland ein gewöhnlicher Arbeitstag?
10. Was findet an diesem Tag statt?
11. Über welche Eindrücke von diesem Tag berichtet die Sprecherin?

Fragen auf Tonband

Beantworten Sie bitte jetzt die Fragen, die Sie auf dem Tonband hören werden.

Sprachübung

Aufgabe 1 (*Drei Phasen*)   1. Konjunktiv

Mustersatz: Man behauptete mir gegenüber, *daß der Karneval sehr lustig sei.*

Leitsätze: 1. daß der Karneval sehr lustig sei.
2. daß man den Prinzen schon im November wähle.
3. daß die erste Vortragsprobe im November stattfinde.
4. daß man im Januar das Karnevalskostüm anprobiere.
5. daß die Weiberfastnacht ganz toll sei.
6. daß der Prinz viel Geld haben müsse.

Aufgabe 2 (*Drei Phasen*)   2. Konjunktiv

Mustersatz: Man traf Vorbereitungen, *damit das Fest flott abliefe.*

Leitsätze: 1. damit das Fest flott abliefe.
2. damit man die Kostüme fertig hätte.
3. damit jeder an dem Fest teilnehmen könnte.
4. damit jeder Teilnehmer seine Rolle wüßte.
5. damit die Proklamation zur bestimmten Zeit stattfände.
6. damit das Fest erfolgreich wäre.

Aufgabe 3 (*Drei Phasen*)   Relativsatz in der Rolle des Subjekts

Mustersatz: Wer alles mitmachen will, *muß in einem Verein sein.*

Leitsätze: 1. muß in einem Verein sein.
2. soll schon Vorbereitungen treffen.
3. kann im voraus die Pläne festlegen.
4. muß bereit sein, viel Geld auszugeben.
5. soll sich auf anstrengende Tage vorbereiten.
6. kann sich am Stichtag anmelden.

Aufgabe 4 (*Drei Phasen*)   Relativsatz in der Rolle des Gleichsetzungsnominativs

Mustersatz: Die Weiberfastnacht bietet einiges, *was recht ungewöhnlich ist.*

Leitsätze: 1. was recht ungewöhnlich ist.
2. was den Männern Angst macht.
3. was kaum vorstellbar ist.
4. was nur einmal im Jahr gestattet ist.
5. was den Ausländer überrascht.
6. was dem Rheinländer gefällt.

Karneval in Bonn   Karnevalszug in Köln

Aufgabe 5 (*Drei Phasen*)   Relativsatz in der Rolle
                                                    des Akkusativs

Mustersatz: Die Organisatoren wissen, *was sie zu tun haben.*

Leitsätze: 1. was sie zu tun haben.
              2. was für Vorträge sie zu halten haben.
              3. was für Tänze sie zu wählen haben.
              4. was für Vorbereitungen sie zu treffen haben.
              5. was für Kostüme die Leute zu tragen haben.
              6. was für Schlager im Radio zu spielen sind.

Aufgabe 6 (*Vier Phasen*)   Befehlssätze

Geben Sie bitte die zutreffenden Befehle an eine Person, die Sie duzen.

Zum Beispiel:

Sprecher: die Post holen
Student: *Hol die Post!*

Sprecher: den Brief lesen
Student: *Lies den Brief!*

   Die Ausdrücke sind:

   1. die Post mitbringen
   2. den Brief schreiben

3. dem Vortrag zuhören
4. den Schlager mitsingen
5. zum Rathaus gehen
6. den Karnevalszug ansehen
7. an dem Fest teilnehmen
8. ein Karnevalskostüm anziehen
9. die Annoncen lesen
10. lustig sein

Aufgabe 7 (*Vier Phasen*)   Umschreibung des Imperativs
mit Modalverben

Eine subjektive Notwendigkeit oder eine Aufforderung läßt sich mit *sollen* ausdrücken.

Zum Beispiel:

Sprecher: Wer bringt die Post mit?

Student: Du sollst die Post mitbringen.

Sprechen Sie bitte die Aufforderungen aus:
1. Wer hält den Vortrag?
2. Wer nimmt an dem Fest teil?
3. Wer probiert dieses Karnevalskostüm an?
4. Wer bereitet die Veranstaltung vor?
5. Wer bekommt Steuerfreiheit?

Aufgabe 8 (*Vier Phasen*)   Umschreibung des Imperativs
mit Modalverben

Eine objektive Notwendigkeit, ein Zwang oder ein Gebot läßt sich mit *müssen* ausdrücken.

Zum Beispiel:

Sprecher: Wer bringt die Post mit?

Student: Du mußt die Post mitbringen.

Beantworten Sie bitte die folgenden Fragen dementsprechend.
1. Wer hält den Vortrag?
2. Wer nimmt an dem Fest teil?
3. Wer probiert dieses Karnevalskostüm an?
4. Wer bereitet die Veranstaltung vor?

Aufgabe 9 (*Vier Phasen*)   Konjunktiv bei Nichtwirklichkeit
Plusquamperfekt

Bilden Sie bitte Konjunktivsätze aus dem Infinitiv. Ans Ende stellen Sie den Satz: *aber ich konnte nicht.*

Zum Beispiel:

Sprecher: sie einladen

Student: Ich hätte sie eingeladen, aber ich konnte nicht.

Sprecher: früher kommen

Student: Ich wäre früher gekommen, aber ich konnte nicht.

1. schneller schreiben
2. deutlicher sprechen
3. eine Entscheidung treffen
4. öfter hingehen
5. öfter da sein
6. früher anrufen
7. länger bleiben
8. Ihnen öfter helfen
9. eher zurückkommen
10. lieber dableiben

Aufgabe 10 (*Vier Phasen*)   Umschreibung des Konjunktivs
                                        mit 'hätte + 2. Partizip'

Stellen Sie bitte die Wörter: *Ich glaubte, . . .* vor jeden Satz.

Zum Beispiel:

Sprecher: Die Vorbereitungen fingen vor Weihnachten an.

Student: Ich glaubte, die Vorbereitungen hätten vor Weihnachten angefangen.

Die Sätze sind:

1. Man hielt Vorträge.
2. Man suchte schon im Dezember einen Prinzen.
3. Im Januar ging es recht munter zu.
4. Später übten sie die Vorträge.
5. Endlich fanden sie die Repräsentanten.
6. Die Prinzenproklamation fand im Februar statt.
7. Es gab ein großes Fest — die Kürung.
8. Der Prinz nahm an diesem Fest teil.
9. Man schloß sonst die Männer aus.

Übung
in der Deutschen Sprache

Übung 1   Präposition mit dem Genitiv

Ergänzen Sie bitte die Sätze durch die betreffenden Artikel:

1. Karneval wird beiderseits d— Rheins gefeiert.
2. Der Karnevalszug versammelt sich diesseits d— Flußes.
3. Manche Teilnehmer kommen aber von jenseits d— Rheins.
4. Der Treffpunkt liegt inmitten d— Stadt.
5. Trotz d— Organisation passiert viel Unvorhergesehenes.
6. Laut d— Mitteilungen hatte das letzte Fest einen großen Erfolg.

7. Anstatt d— Prinzessin hat Bonn die Bonna.
8. Die Kürung in Bonn findet in der Beethovenhalle statt, die unweits d— Rheins liegt.
9. Viele Leute kommen von außerhalb d— Stadt.
10. Anläßlich d— Kürung gibt es viele Zuschauer.
11. Die Vorträge werden namens d— Prinzen gehalten.
12. Während d— Tages wird auch gefeiert.
13. Man sammelt Geld zugunsten d— Armen.
14. Die Tagung wird wegen d— schlechten Wetters nicht verschoben.
15. Die Beethovenhalle ist unweit d— Kennedy Brücke.

Übung 2   **Zusammengesetzte Wörter**

Verben sind oft mit einer Partikel zusammengesetzt, um ein neues Wort zu bilden. Aus jedem der folgenden Wörter bilden Sie bitte mit Partikeln zehn weitere Wörter. Lesen Sie die zusammengesetzten Wörter vor. Auf welchem Glied werden sie betont? Haben Sie unfeste Zusammensetzungen gebildet?

Zum Beispiel:

stellen: *aufstellen, anstellen, usw.*

stellen	gehen	führen	bleiben
suchen	kommen	laufen	denken
fahren	legen	halten	nehmen
ziehen	schicken	rufen	sehen
setzen	stehen	weisen	werfen

Übung 3   **Die Stellung der Präposition**

Die Präposition steht normalerweise vor dem Substantiv, aber in gewissen Fällen steht sie hinter dem Substantiv. Die Stellung hängt vom Satzrhythmus ab. Bauen Sie Sätze um jeden dieser Ausdrücke, so daß der Satzrhythmus wohlklingend ist.

1. (*a*) Gegenüber der Beethovenhalle in Bonn
   (*b*) der Beethovenhalle gegenüber
2. (*a*) den Rhein entlang
   (*b*) entlang dem Rhein
3. (*a*) entgegen meinem Rat
   (*b*) meinem Rat entgegen
4. (*a*) Ihrer Meinung nach
   (*b*) nach Ihrer Meinung
5. (*a*) des Wetters ungeachtet
   (*b*) ungeachtet des Wetters
6. (*a*) seinem Vortrag zufolge
   (*b*) zufolge seines Vortrags
7. (*a*) dem Rathaus zunächst
   (*b*) zunächst dem Rathaus

8. (*a*) gegenüber dem Hauptbahnhof
   (*b*) dem Hauptbahnhof gegenüber
9. (*a*) dem Kölner Dom gegenüber
   (*b*) gegenüber dem Kölner Dom
10. (*a*) der Tat zufolge
    (*b*) zufolge der Tat.

Übung 4   **1. und 2. Partizipien als Adjektive**

Das 1. Partizip (zum Beispiel: kommend, zutreffend) und das 2. Partizip (zum Beispiel: gegeben, abgemacht) können als Adjektive gebraucht werden. Als Attribut werden sie auch wie ein Adjektiv dekliniert. In dieser Übung bauen Sie bitte die Wörter so um, daß Äußerungen entstehen, die Partizipien als Attribut enthalten.

Zum Beispiel:

(*a*) Am Mittwoch, der kommt.
   am kommenden Mittwoch.

(*b*) in den Fällen, die gegeben sind.
   in gegebenen Fällen.

(*c*) mein Brief, der am 1. März abgesandt wurde.
   mein am 1. März abgesandter Brief.

Die Äußerungen sind:

1. Zu der Zeit, die gegeben ist.
2. Das Fest, das uns bevorsteht.
3. Vorträge, die schon auf die Probe gestellt worden sind.
4. Eine Veröffentlichung, die sorgfältig vorbereitet ist.
5. Ein Karnevalsprinz, der vor der Kürung gewählt wurde.
6. Eine Probe, die entscheidet.
7. Ein Tag, der nur Frauen gehört.
8. Die Männer, die von den Marktfrauen auszuprügeln sind.
9. Ein Fest, das sich auszeichnet.
10. Das Programm, das im Fernsehen übertragen wird.
11. Die Schlager, die im Radio gespielt werden.
12. Das Geld, das von den Stadtsoldaten gesammelt wird.
13. Die Steuerfreiheit, die versprochen wird.
14. Das Entgelt, das verlangt wird.
15. Der Karnevalszug, der schon lange im voraus geplant worden ist.

Übung 5   **in, nach, zu**

Ergänzen Sie bitte die Sätze durch eines der Wörter *in, nach, zu*.

1. Das Mädchen ging — ihrem Freund.
2. Die beiden fuhren — Bonn.
3. Sie parkten den Wagen — einem Parkhaus.
4. Nachher gingen sie — Fuß durch die Stadt.

5. Sie gingen — ein Lokal, um sich über den Karneval zu erkundigen.
6. Sie gingen — dem Rathausplatz.
7. Um 12 Uhr gingen sie — Tisch — ein Lokal.
8. Ihr Programm richtete sich — ihrem Freund.
9. Sie schickte ihn — einem weiteren Freund.
10. Dann gingen sie — dritt.
11. Sie gingen alle drei — dem Rheinufer, — der Beethovenhalle.
12. Sie wurden — dem Büro am Bahnhofsplatz geschickt, — dem Leiter des Büros.
13. Später fuhren sie — die Schweiz, — Grindelwald.
14. Das Mädchen fragte — dem Skilehrer, den sie im vorigen Jahr getroffen hatte.
15. Um 8 Uhr abends sind alle drei — Hause gegangen.

Übung 6   Abkürzungen

Was ist das Grundwort jeder der folgenden Abkürzungen.
Zum Beispiel: der Bus — der Omnibus.

die Lok	das Auto	das Velo
das Foto	das Kino	die U-Bahn
die Sipo	der Krimi	das Kilo
die Kripo	die Bahn	D-Zug
die Vopo	das Sprachlabor	E-Zug

Übung 7   Indirekte Rede

Sollten Verben des Denkens, Fragens, Sagens, Behauptens oder der Wunschäußerung gebraucht werden, dann stehen Haupt- und Gliedsätze der indirekten Rede im Konjunktiv.

Geben Sie bitte die folgende direkte Rede in indirekter Rede wieder. Beginnen Sie mit dem Satz: *Es wurde mir gesagt, daß* . . .

'Am 1. Februar oder in den kommenden Tagen, je nach dem, ist die Kürung. Das ist ein großes Fest in Bonn, das in der Beethovenhalle stattfindet. Alle Vereine ziehen dazu auf, die ersten Vorträge werden öffentlich gehalten, und das ist fast einer der Höhepunkte des Karnevals. Dann kommt die Weiberfastnacht. Das ist der erste wirkliche Karnevalstag, der eigentlich nur den Frauen gehört . . . jedenfalls bis 8 Uhr nur den Frauen gehört. Die tollen Tage beginnen mit der Weiberfastnacht, die immer auf einen Donnerstag fällt.

Morgens früh sieht man schon die ersten Kostümierten — meistens sind es noch Kinder — herumlaufen, und um sieben oder acht haben die Marktfrauen schon ihren großen Tag. In den Markthallen werden Feste gefeiert, die Marktfrauen versuchen jeden Mann, der in die Regionen der Markthalle gerät, herauszuprügeln. Der Prinz ist leider verpflichtet, an diesen Festen teilzunehmen. Er muß also sehen, wie er mit einem blauen Auge davonkommt. Da die Frauen Gnade vor Recht ergehen lassen, hört es sich schlimmer an, als es in Wirklichkeit ist.'

Fasching in München

Jetzt wiederholen Sie bitte die Übung, aber diesmal beginnen Sie mit dem Satz: *Ich glaube, daß* . . .

Übung 8 Indirekte Rede

Geben Sie bitte den folgenden Auszug in der indirekten Rede wieder. Beginnen Sie mit dem Satz: *Ich hörte, daß* . . .

'Der eigentliche Karneval in Bonn setzt sich an einem Sonntag fort. Die Erstürmung des Rathauses, die nicht nur in Bonn, sondern auch in mehreren Städten bekannt ist, findet sonntags statt. Sie wird im Fernsehen sogar übertragen. Es wird in Bonn von den Stadtsoldaten versucht, dem Oberbürgermeister der Stadt beziehungsweise dem Oberstadtdirektor den Schlüssel abzunehmen, um die Herrschaft über das Rathaus zu erhalten. Das geht mit vielen Kämpfen, angeblichen Kämpfen vor sich, aber es gelingt jedesmal. Die Stadtsoldaten haben meistens gegen zehn oder elf Uhr die Herrschaft über die Stadt, und sie versprechen Steuerfreiheit für die drei folgenden tollen Tage. Anschließend erfolgt die Inhaftierung, eine sehr nette Sitte, die sich eingebürgert hat. Da werden alle Schaulustigen von den Stadtsoldaten gefangen genommen. Sie müssen sich dann durch Geld — oder bei jungen Mädchen geht es auch häufig mit einem Kuß — freikaufen.

Es kommen dabei immer recht beträchtliche Beträge zusammen, die dann für Altersheime verwendet oder sonstigen Bedürftigen der Stadt zur Verfügung gestellt werden.'

Jetzt wiederholen Sie bitte die Übung, aber diesmal beginnen Sie mit dem Satz: *Als ich in Deutschland war, wurde mir erzählt, daß* . . .

Übung 9   **Indirekte Rede**

Geben Sie bitte die folgende Erzählung in der indirekten Rede wieder. Beginnen Sie mit dem Satz: *Man erzählte mir, daß* . . .

'Seit Wochen waren die Vorbereitungen für den Rosenmontagzug im Gang. Die einzelnen Gruppen waren sorgfältig zusammengestellt. Hunderte von Leuten drängten nun zu Fuß durch die Straßen in erwartungsvoller Stimmung, bereit, sich einen lustigen Tag zu machen. Man drängte sich durch die Menge bis zur Hauptpost, wo man auf den Rosenmontagszug wartete. Zuerst kam eine Kapelle, dann wechselten Fußgruppen in bunten Kostümen ab mit weiteren Kapellen und vielen Wagen mit komischen Figuren, die Ereignisse der Politik oder besondere Vorkommnisse persiflierten. Einige Wagen wurden sogar von Pferden gezogen, die in Bonn doch so selten geworden sind. Am Ende des Zuges, der wohl einige Kilometer lang war, fuhr der Prinz Karneval mit seiner Prinzessin durch die jubelnde Menge.'

Übung 10   **Zusammenfassung**

Fassen Sie bitte die für den Karneval geplanten Vorbereitungen, die von der Sprecherin beschrieben werden, in kurze Notizen zusammen.

Übung 11   **Beschreibung**

Beschreiben Sie bitte (wenn möglich mündlich) die folgenden Ereignisse, wie sie von der Sprecherin beschrieben worden sind:

1. Die Vorbereitungen, die im November und wieder im Januar getroffen werden.
2. Die Kürung.
3. Die Weiberfastnacht.
4. Die Erstürmung des Rathauses.
5. Die Inhaftierung.

Meinungen

1. Ist der Karneval nur eine typische Erscheinung im Rheinland?
2. Ist die Herkunft des Festes religiös?
3. Worauf geht der Ursprung des Karnevals im Rheinland zurück?
4. Was bedeutet das Wort 'Karneval'?
5. Für welche Leute hat die Karnevalszeit eine religiöse Bedeutung?
6. Warum findet der Karnevalszug am Rosenmontag statt?
7. Sollte es mehr solche Feste wie der Karneval geben?
8. Welche Eigenschaften sollte der Karnevalsprinz besitzen?

9. Brauchen wir zur Zeit mehr öffentliche Veranstaltungen wie der Karneval, oder nicht?

10. Was für Feste gibt es in anderen Teilen Deutschlands?

11. Ist Bonn ein kulturelles Zentrum der Bundesrepublik?

12. Wie verlief die Geschichte Bonns?

13. Ist der Rheinverkehr für das Rheinland wichtig?

14. Ist das Ruhrgebiet wichtig?

15. Inwiefern bestimmt der Rhein das Verkehrsnetz?

16. Ist der Rheinländer ein Menschenschlag für sich?

17. Wie war die Geschichte des Rheinlands von 1918 bis 1958?

18. Was hat das Rheinland an Industrie?

19. Was für Kohlen- und Eisenreserven hat das Rheinland?

20. Sind Rheinland und Westfalen politisch und ökonomisch miteinander verbunden?

21. Ist Rheinland-Westfalen das wichtigste Land der Bundesrepublik?

Transkription

Die folgenden Stücke von der originalen Tonbandaufnahme sind zu transkribieren:

1. Von   'Aber in Bonn ist es auch ganz nett' . . .
   bis . . . 'welche für eine Veröffentlichung in Frage käme.'

2. Von   'Aber am 1. Februar' . . .
   bis . . . 'Das geht nun los mit Weiberfastnacht.'

3. Von   'Der eigentliche Karneval beginnt dann wieder mit Sonntag' . . .
   bis . . . 'da ist die Inhaftierung.'

Bibliographie

E. Hoffmann-Krayer (hrsg.), *Handwörter zur deutschen Volkskunde*, Band II, Abteilung 1: *Aberglaube*, Walter de Gruyter & Co., Berlin u. Leipzig, 1929/1930.

Fast jede rheinländische Zeitung und fast jede deutsche Zeitschrift enthält Beschreibungen der Erlebnisse zur Zeit des Karnevals.

14. FERNSEHEN

Zusammenfassung

Zwei Sprecher äußern ihre Meinungen über das Fernsehen: der erste kommt aus Lübeck, wurde 1905 geboren und vollendete sein Studium an der Universität in Kiel. Er erzählt über seine erste Erfahrung mit dem Fernsehen und über dessen Vor- und Nachteile. Man soll sich Programme auswählen, meint er. Der zweite Sprecher, 1926 geboren und zur Zeit der Aufnahme Professor an der Universität Tübingen, besaß keinen Fernsehapparat. Von Zeit zu Zeit wurde er gezwungen mitzusehen, zum Beispiel während des Besuches bei seinen Eltern. Er behauptet, das Fernsehen verursache ein soziales Problem im Familienleben und bringe einen großen Einfluß auf die Gemeinschaft mit sich.

In dieser Aufnahme stehen zwei regionale Hochsprachen im Gegensatz.

Frage und Antwort

Aufnahme 14

Lesen Sie bitte zunächst die Fragen durch, so daß Sie deren Bedeutung genau kennen. Hören Sie die Tonbandaufnahme 2–3 mal an und beantworten Sie die Fragen entweder schriftlich oder mündlich.

1. Warum hat der Sprecher sich entschlossen, einen Fernsehapparat zu kaufen?

2. Was sind seine Einwände gegen das Fernsehen?

3. Wie sollte man beim Fernsehen bewußt vorgehen?

4. Aus welchem Grund behaupten viele Leute, daß sie keinen Fernsehapparat haben wollen?

5. Was ist der wahre Grund?

6. Worauf beziehen sich die Erfahrungen des zweiten Sprechers?

7. Wie kam der Vater des Sprechers in den Besitz eines Apparates?

8. Was für eine Lösung schlägt der Sprecher gegen zu viel Fernsehen vor?

9. Was für einen Einfluß hat das Fernsehen auf die Gemeinschaft?

10. Was für Vorteile für die Gemeinschaft hat das Fernsehen?

Fragen auf Tonband

Beantworten Sie bitte jetzt die Fragen, die Sie auf dem Tonband hören werden.

Sprachübung

Aufgabe 1 (*Drei Phasen*)   Indirekte Fragesätze — ob

Mustersatz: Ich weiß nicht, *ob Radiohören schon veraltet ist.*

Leitsätze: 1. ob Radiohören schon veraltet ist.
2. ob sich die heutigen Programme durchsetzen.
3. ob sich das Farbfernsehen durchsetzt.
4. ob uns neue technische Erfindungen bevorstehen.
5. ob das Fernsehen das Familienleben stört.
6. ob eine neue Gemeinschaft durch das Fernsehen entsteht.

Aufgabe 2 (*Drei Phasen*)   Relativsätze in der Rolle des Präpositionalobjekts

Mustersatz: Ich erinnere mich jetzt an das, *was ich im Radio hörte.*

Leitsätze: 1. was ich im Radio hörte.
2. was ich in den Nachrichten hörte.
3. was ich im Fernsehen sah.
4. was ich in der Wochenschau sah.
5. was ich in einem Leitartikel las.
6. was ich in den Kurzmeldungen las.

Aufgabe 3 (*Drei Phasen*)   1. Konditional

Mustersatz: *Ich würde einen Farbfernsehapparat kaufen,* wenn die Umstände anders wären.

Leitsätze: 1. Ich würde einen Farbfernsehapparat kaufen, . . .
2. Ich würde den Bericht vom Tage täglich sehen, . . .
3. Ich würde mir einen neuen Apparat anschaffen, . . .
4. Ich würde den Apparat aus dem Haus schaffen, . . .
5. Ich würde die Nachbarn öfter einladen, . . .
6. Ich würde das Programm selbst wählen, . . .

Aufgabe 4 (*Drei Phasen*)   2. Konditional

Mustersatz: *Ich hätte einen Farbfernsehapparat gekauft,* wenn die Umstände anders gewesen wären.

Leitsätze: 1. Ich hätte einen Farbfernsehapparat gekauft, . . .
2. Ich hätte den Bericht vom Tage täglich gesehen, . . .
3. Ich hätte mir einen neuen Apparat angeschafft, . . .

4. Ich hätte den Apparat aus dem Haus geschafft,
   . . .
5. Ich hätte die Nachbarn öfter eingeladen, . . .
6. Ich hätte das Programm selbst gewählt, . . .

Aufgabe 5 (*Drei Phasen*)   Relativsätze in der Rolle
des Präpositionalobjekts

Mustersatz: Ich denke an das, *was ich im Radio gehört habe.*

Leitsätze: 1. was ich im Radio gehört habe.
            2. was ich in den Nachrichten gehört habe.
            3. was ich im Fernsehen gesehen habe.
            4. was ich in der Wochenschau gesehen habe.
            5. was ich in einem Leitartikel gelesen habe.
            6. was ich in den Kurzmeldungen gelesen habe.

Aufgabe 6 (*Vier Phasen*)   1. Konjunktiv

Wiederholen Sie bitte die Behauptungen nach dem folgenden Muster:

Sprecher: 'Ich höre dem Radio selten zu', sagte er.

Student: Er sagte, er höre dem Radio selten zu.

Die Sätze sind:

1. 'Ich höre meistens nur die Nachrichten', sagte er.
2. 'Ich lese täglich eine Zeitung', sagte sie.
3. 'Ich sehe am liebsten Fernsehprogramme', sagte er.
4. 'Ich sehe die Abendprogramme', sagte sie.
5. 'Ich komme erst um sechs Uhr nach Hause', sagte er.
6. 'Ich bin schon um fünf Uhr zu Hause', sagte sie.

Aufgabe 7 (*Vier Phasen*)   Konjunktiv der Modalverben

Wiederholen Sie bitte die Behauptungen nach dem folgenden Muster:

Sprecher: 'Ich kann den Mann nicht leiden', sagte er.

Student: Er sagte, er könne den Mann nicht leiden.

Die Sätze sind:

1. 'Ich kann die Frau nicht leiden', sagte er.
2. 'Ich mag das Kleid nicht leiden', sagte sie.
3. 'Ich mag es auch nicht leiden', sagte er.
4. 'Ich soll sie besuchen', sagte sie.
5. 'Ich soll sie meiden', sagte er.
6. 'Ich muß sie einladen', sagte sie.
7. 'Ich muß mich von ihr fernhalten', sagte er.
8. 'Ich darf sie nicht beleidigen', sagte sie.
9. 'Ich darf sie nicht treffen', sagte er.
10. 'Ich kann sie allein unterhalten', sagte sie.

Aufgabe 8 (*Vier Phasen*) Konjunktiv der Modalverben

Wiederholen Sie bitte die Behauptungen nach dem folgenden Muster:

Sprecher: 'Ich muß einen neuen Wagen kaufen', sagte er.

Student: Er sagte, daß er einen neuen Wagen kaufen müsse.

Die Sätze sind:

1. 'Ich muß ein neues Auto haben', sagte er.
2. 'Ich muß ein neues Abendkleid haben', sagte sie.
3. 'Ich soll einen neuen Anzug kaufen', sagte er.
4. 'Ich soll einen Pelzmantel kaufen', sagte sie.
5. 'Ich darf keinen Pfennig mehr ausgeben', sagte er.
6. 'Ich darf kein Geld mehr von der Bank holen', sagte sie.
7. 'Ich kann nichts mehr ausgeben', sagte er.
8. 'Ich kann mehr Haushaltsgeld gebrauchen', sagte sie.
9. 'Ich muß Geld sparen', sagte er.
10. 'Ich kann kein Geld sparen', sagte sie.

Aufgabe 9 (*Vier Phasen*) Konditional: würde + Infinitiv

Der 2. Konjunktiv läßt sich immer durch den Konditional (die Bestimmungsform: würde + Infinitiv) ausdrücken. Beantworten Sie bitte die Fragen im Konditional. Zum Beispiel:

Sprecher: Die Nachrichten kamen heute später, nicht wahr?

Student: Ja, aber ich wußte gar nicht, daß die Nachrichten heute später kommen würden.

Die Sätze sind:

1. Die Anfangzeit änderte sich, nicht wahr?
2. Man gab Kurznachrichten, nicht wahr?
3. Man übertrug Fremdsprachenkurse, nicht wahr?
4. Man zeigte Lustspiele, nicht wahr?
5. Man spielte ein Kinderprogramm, nicht wahr?

Aufgabe 10 (*Vier Phasen*) Konditional: würde + Infinitiv

Beantworten Sie bitte die Fragen im Konditional. Zum Beispiel:

Sprecher: Diese Schreibmaschine kostete viel, nicht wahr?

Student: Ja, aber ich hatte nicht erwartet, daß sie so viel kosten würde.

Die Sätze sind:

1. Das Tonbandgerät wurde sehr populär, nicht wahr?
2. Das Sprachlabor entwickelte sich sehr schnell, nicht wahr?
3. Es gab eine kleine Überraschung, nicht wahr?
4. Deine Schwester blieb drei Tage, nicht wahr?
5. Das Wetter wurde schlecht, nicht wahr?
6. Die Lektion war schwierig, nicht wahr?

Übung
in der Deutschen Sprache

Übung 1   Zusammengesetzte Wörter

Es gibt viele Wörter, die mit Partikeln zusammengesetzt worden sind.
Eine Partikel kann am Anfang oder am Ende eines Wortes stehen.
Beispiele sind:

überall, außerordentlich, Nachteil, Vorlesung usw. (am Anfang)
stromauf, stromab, worin, womit, daran usw. (am Ende).

Setzen Sie bitte so viele Wörter wie möglich mit den folgenden
Partikeln zusammen:

ver-	über	-weg
be-	hin	-zeit
ent-	her	-all
wieder-	an	-wohl
zurück-	zu	-tags
vorwärts-	um	-hand

Geben Sie auf Deutsch die Bedeutung der zusammengesetzten Wörter
an, und bilden Sie bitte mit mindestens zehn davon vollständige Sätze.

Übung 2   Bedeutungsschwierigkeiten bei Präpositionen

Schwierigkeiten in dem Gebrauch der folgenden Präpositionen *durch,
auf, infolge, von, vor, wegen* und *zufolge* können entstehen. Lesen Sie bitte
jeden Satz vor, der durch eines der obigen Wörter zu ergänzen ist.

1. Er hat den Fernsehapparat — Abzahlung von 40 DM pro
   Monat gekauft.
2. Der Apparat ist — einer neuen Firma entworfen.
3. — Neid hat der Nachbar einen ähnlichen Apparat gekauft.
4. — der Finanzlage werden nicht so viele Apparate — Abzahlung
   gekauft.
5. Die Übertragung des Abendprogramms war nicht gut — einer
   Wetterstörung.
6. Einem Wetterausläufer — ging ein Gewitter über den Küsten-
   gebieten nieder.
7. — der Störung hat er das Fernsehen ausgeschaltet.
8. — der Störung hatte keiner das weitere Programm sehen wollen.
9. Einem Gewitter — war die Übertragung schlecht.
10. Das Programm wurde später — einen Sender des Südwestfunks
    herausgegeben.

Übung 3   viel und wenig

Wie werden *viel* und *wenig* dekliniert? Wann kann man die flexionslosen
Formen gebrauchen? Ergänzen Sie bitte die Sätze zuerst durch die
zutreffende Form (oder Formen) des Wortes *viel*, und danach ergänzen

Sie dieselben Sätze durch die zutreffende Form (oder Formen) des Wortes *wenig*.

1. — Leute sehen kulturelle Programme.
2. Die — Spätabendprogramme sind meist die besten.
3. Mit — was man sieht, ist man nicht zufrieden.
4. Ein Regisseur kann mit — Mühe ein Programm zusammenstellen.
5. Man vermeidet — Unannehmlichkeiten mit den Nachbarn, wenn man kein Radio hat.
6. Ein junger Mann hört sich oft ein politisches Programm mit — Geduld an.
7. Wo — Licht ist, da ist — Schatten.
8. Man sieht und hört — Humor im Fernsehen.
9. Einige Programme haben — Inhalt.

Wo es zwei Formen gibt, welche ziehen Sie vor? Warum?

Übung 4   **Reflexivpronomen im Akkusativ und im Dativ**

Einige reflexive Verben wenden sich durch das Reflexivpronomen zum Subjekt zurück. Trotz des Akkusativpronomens sind diese Verben intransitiv. Reflexive Verben mit einem Reflexivpronomen im Dativ sind dagegen immer transitiv.

Lesen Sie bitte die Sätze vor, zunächst in der *ich-Form*, und danach in der *du-Form*.

1. Er hat sich einen neuen Fernsehapparat gekauft.
2. Er erinnert sich an die Zeit, wo er sein erstes Radio gekauft hat.
3. Er macht es sich vor dem Fernsehen bequem.
4. Er erinnert sich hauptsächlich an die Aktualitäten.
5. Ohne sich lange zu besinnen, hat er sich auch einen Apparat gekauft.
6. Er bedient sich oft seiner.
7. Er freut sich über den Kauf.
8. Er überlegt sich, ob er ein Kofferradio kaufen soll.
9. Er wird sich den Preis zuerst überlegen.

Studio. Funkausstellung Berlin, August 1967
Erstes Farbfernsehprogramm

Studio. Funkausstellung Berlin,
August 1967

10. Er setzt sich vor das Fernsehgerät.
11. Er ärgert sich über das inhaltslose Programm.
12. Er sucht sich ein neues Programm aus.

Übung 5   Deklination der Eigennamen

Ergänzen Sie bitte die Familien-, Personen- und Vornamen mit einer
Endung, wo solche Ergänzung nötig ist. Die zutreffenden Namen
stehen in Kursivdruck.

1. Bonn ist *Beethoven* Geburtsort.
2. *Hamburg* Sender ist außer Betrieb.
3. *Konrad* Geburtstag ist Donnerstag, und *Maria* ist am kommenden
   Samstag.
4. Der Rat des *Duden* ist hier zu beachten.
5. Die *Schmitt* — Vater, Mutter und Sohn — waren da.
6. Die *Karl* dieser Welt sind fast unzählbar — auch die *Peter* und
   Marianne.
7. Er liest die Werke *Theodor Storm*.
8. Er liest *Wolfgang von Goethe* Dramen.
9. Sie möchte *Doktor Paulsen* Sprechstunden wissen.
10. Hier ist der Brief an *Herr Klausen*.
11. Hier ist *Herr Klausen* Brief.
12. Sprechen wir von *Genosse Graustein* Vorschlag.
13. Die Pläne des *Architekt Müller* sind fertig.
14. *Fräulein Rodelstein* Verlobter wohnt in Bonn.
15. Das Gehalt *Herr Direktor Rodelstein* ist groß.

Übung 6   Indirekte Rede

Geben Sie bitte die folgende direkte Rede in der indirekten Rede
wieder. Beginnen Sie mit dem Satz: *Ich habe von ihm gehört, daß* . . .

'Wir kamen abends an, und das Stück "Maria Stuart" wurde eingestellt. Wir hatten uns schon sehr darauf gefreut, aber was geschah
nun? Zuerst, nach 5 Minuten, war der Mann eingeschlafen. Es
dauerte keine weiteren 5 Minuten, da schlief die Gastgeberin ein und
wir, meine Frau und ich, sahen uns an. Es war uns natürlich etwas
komisch zumute, als Gäste zu sitzen, während die Gastgeber eingeschlafen waren. Das war wohl ein wesentlicher Grund für uns, daß
wir uns dann entschlossen haben, uns doch ein eigenes Gerät anzu-
schaffen. Ich muß sagen, ich bereue es eigentlich nicht. Es gibt viele
Einwände gegen das Fernsehen, aber ich möchte sagen, man muß auch
beim Fernsehen bewußt vorgehen, wie auch beim Rundfunkhören.
Man muß, wie auch beim Bücherlesen, auswählen können'.

Übung 7   Stellung der freien Umstandsangaben

Die Stellung der freien Umstandsangaben im Satz hängt von ihrem
Mitteilungswert ab. Ist der Wert gering, oder ist er höher, entscheidet

die genaue Stellung innerhalb des Satzes. Die gewöhnliche Folge ist heute: Zeit, Grund, Art und Weise, Ort.

Lesen Sie bitte die folgenden Sätze vor, jeden Satz zwei- oder dreimal. Stellen Sie die in dem Satz in Kursivdruck stehenden Wörter um.

Zum Beispiel:

Er hat ein Fernsehgerät *gestern* in dem Warenhaus gekauft.
Gestern hat er ein Fernsehgerät in dem Warenhaus gekauft.
Er hat ein Fernsehgerät in dem Warenhaus *gestern* gekauft.

Die Sätze sind:

1. Er hat einen Farbfernsehapparat bestellt *vorige Woche schon.*
2. Ein Zuhörerkreis hat sich *seit dem Kauf des neuen Apparates* im Wohnzimmer gebildet.
3. Es gibt ein Sportprogramm *um 7 Uhr am nächsten Sonntag* vom zweiten Sender.
4. Er hat *kurz vor sieben Uhr* das Fernsehen eingeschaltet.
5. *Aus Langerweile* sah er sich mit seiner Tochter einen Dokumentarfilm an.
6. *Im Fernsehen* bekommen die Kinder Dinge zu sehen, die sie vielleicht nicht sehen sollen.
7. Die Sendung beginnt um neun Uhr *mit dem Wetterbericht.*
8. Die Nachrichten kommen *zunächst* nach der Zeitangabe.
9. *Abends* wollen die Leute oft auf eigenen Wunsch nur Unterhaltung sehen.
10. Man kann im Schulfunk *während des Tages* lehrreiche Programme hören.

Erklären Sie bitte, welche neuen Mitteilungswerte Sie gegeben haben.

Übung 8   Indirekte Rede

Geben Sie bitte die folgende direkte Rede in der indirekten Rede wieder. Beginnen Sie mit dem Satz: *Auf einem Tonband wurde gesagt, der Sprecher . . .*

'Ich muß aber sagen, daß im Elternhaus mit viel Nachdruck heute ferngesehen wird, und wenn ich hinkomme, dann nehme ich nicht nur teil, sondern ich kann gar nicht anders. Ich muß daran teilnehmen, und da tauchen nun die Probleme auf. Dabei möchte ich nicht meine Familie belasten. Ich glaube, daß es dort weniger stur zugeht, als in vielen anderen Familien, in denen ferngesehen wird.

Es wird ja immer wieder gesagt, daß es sich dabei um eine gewisse Karenzzeit handelt, um eine Übergangszeit, die immer auftritt, wenn man so ein Gerät neu in der Stube stehen hat, und daß man dann eben ständig vor der Röhre sitzt, und sich eigentlich nicht richtig befreien kann, von dem Ganzen, daß man dagegen später sehr viel mehr Distanz hat, wirklich mit dem gedruckten Programm arbeitet und sich dann die Sendungen aussucht, die man wirklich sehen will'.

Übung 9   Der mehrfach zusammengesetzte Satz

Der mehrfach zusammengesetzte Satz besteht aus einer künstlichen — sogar künstlerischen — Satzreihe. Der Satz soll nicht nur Inhalt haben, sondern auch eine Satzmelodie, die ein Gefühl mit sich bringt; er gehört nicht zu dem täglichen Schriftverkehr; er gehört mehr der Poesie zu und ist eine Art poetischer Prosa.

Der letzte lange Satz in Übung 8 ist ein Beispiel. Versuchen Sie bitte den Satz anders auszudrücken, aber immer noch als einen einzelnen Satz.

Danach schreiben Sie bitte zwei mehrfach zusammengesetzte Sätze über das Thema 'Fernsehen'. Der eine Satz soll nicht weniger als 50, und der zweite nicht weniger als 100 Wörter haben.

Übung 10   Gespräche

Schreiben Sie bitte Gespräche über:
1. Ein schlechtes Programm,
2. Ein Sportprogramm,
3. Ihr Lieblingsprogramm.

Meinungen

1. Wie kann man einen Fernsehapparat bezahlen?
2. Was für einen Fernsehapparat würden Sie kaufen? Warum?
3. Was sind die Vor- und Nachteile des Rundfunkhörens?
4. Was sind die Vor- und Nachteile des Fernsehens?
5. Welche Art von Darbietungen ziehen Sie vor?
6. Welche Musik ziehen Sie vor?
7. Was bedeuten Ihnen die Nachrichten und der Bericht vom Tage?
8. Wie beurteilen Sie die verschiedenen Sportprogramme?
9. Welche Unterhaltungssendungen ziehen Sie vor?
10. Wieviel Stunden pro Tag sieht man bei Ihnen Fernsehen?
11. Welche Sendungen sieht man bei Ihnen?
12. Wie würden Sie die jetzigen Programme verbessern?
13. Was für Sendungen würden Sie einführen, wenn Sie dazu in der Lage wären?
14. Gibt es 'eine gewisse Karenzzeit' bis die Familie an das Fernsehen gewöhnt ist?
15. Hat sich das Familienleben durch das Fernsehen verstärkt oder nicht?
16. Was für soziale Konsequenzen hat das Fernsehen schon gehabt?
17. Was für einen Einfluß hat das Fernsehen auf das Theater gehabt?
18. Inwiefern hat das Fernsehen den Film verdrängt?

Schaufenster   Fernsehen

19. Hören Sie sich Reden an oder nicht?
20. Soll Politisches über Radio und Fernsehen ausgestrahlt werden?
21. Könnte das Fernsehen eine politische Waffe sein? Sind die Leute so beeinflußbar?
22. Was sind die Vor- und Nachteile eines Kofferradios?
23. Was sind die Vor- und Nachteile des Farbfernsehens?
24. Was für eine Zukunft hat das Radio?
25. Was für eine Zukunft hat das Fernsehen?

Transkription

Die folgenden Stücke von der originalen Tonbandaufnahme sind zu transkribieren:

1. Von 'Nun, wir kommen abends an' . . .
   bis . . . 'während die Gastgeber eingeschlafen waren.'
2. Von 'Also ich muß vorausschicken' . . .
   bis . . . 'die auf ganz merkwürdige Weise zu einem Fernsehapparat gekommen sind'.
3. Von 'Ja, und wie ist nun das Fernsehen und die Gemeinschaft?' . . .
   bis . . . 'daß damit die letzten Gemeinschaften zerstört würden'.

Bibliographie

In fast jeder Zeitung und jeder Zeitschrift erscheinen Artikel über das Fernsehen, und insbesondere über die Programme. *Hör zu*, zum Beispiel, erscheint wöchentlich. Es gibt auch Abschnitte über Radio und Fernsehen zu lesen, vom soziologischen und politischen Standpunkt in solchen Büchern wie: *Die Presse und die öffentliche Meinung*, ein Führer durch das Presse- und Funkwesen, von Helmut Bauer, GS 106 in der Serie 'Geschichte und Staat' von dem Günter Olzog Verlag, München-Wien.

15. ES SPRICHT EIN WIRTSCHAFTSJOURNALIST

Zusammenfassung

Ein Wirtschaftsredakteur aus Nürnberg, der in den Dreißigern ist, beschreibt seine Hauptaufgabe als Wirtschaftsjournalist, Ereignisse und Tatsachen so darzustellen, daß er einen großen Leserkreis gewinnt. Von einer Reise nach München beschreibt er Vorgänge an der Börse, und danach von einer Reise nach Bonn, womit sich Land und Bund in Beziehung auf Wirtschaft befassen. Er behauptet, die Hauptaufgabe der Regierung sei, mehr Eigentum zu schaffen. Er beschreibt den Einfluß auf die Landwirtschaft, die vom Bund in hohem Maße gestützt wird.

Er spricht in einer fränkischen Stadtsprache.

Frage und Antwort

Aufnahme 15

Lesen Sie bitte zunächst die Fragen durch, so daß Sie deren Bedeutung genau kennen. Hören Sie die Aufnahme 2–3 mal an, und beantworten Sie die Fragen entweder schriftlich oder mündlich.

1. Zu welchem Zweck stellt er die wirtschaftlichen Tatsachen dar?
2. Warum ging er nach München?
3. Zu welchem Thema sammelte er in Bonn Material?
4. Von wem hat er das Material bekommen?
5. Was ist 'Konjunktur'?
6. Wie kann man mehr Eigentum schaffen?
7. Wie wirkt sich das Eigentum auf die Landwirtschaftspolitik aus?
8. Warum soll ein unrentabler Familienbetrieb erhalten bleiben?
9. Inwiefern ist eine solche Politik eine große Belastung?
10. Hält der Sprecher die deutsche Landwirtschaft für rentabel?
11. Wie steht die Landwirtschaft dem Außenhandel gegenüber?

Fragen auf Tonband

Beantworten Sie bitte jetzt die Fragen, die Sie auf dem Tonband hören werden.

Sprachübung

Aufgabe 1 (*Drei Phasen*)   Relativsatz in der Rolle
des Präpositionalobjekts

Mustersatz: Er dachte an alles, *was er gemacht hatte.*

Leitsätze: 1. was er gemacht hatte.
2. was er gesehen hatte.
3. was er an der Börse beobachtet hatte.
4. was er in den Ministerien gelernt hatte.
5. was er diskutiert hatte.
6. was er an Material gesammelt hatte.

Aufgabe 2 (*Drei Phasen*)   Konditional: würde + Infinitiv

Mustersatz: *Er würde über Börsen schreiben,* wenn er genügend Zeit hätte.

Leitsätze: 1. Er würde über Börsen schreiben, . . .
2. Er würde über Wirtschaftspolitik schreiben, . . .
3. Er würde über Eigentum sprechen, . . .
4. Er würde über Finanzpolitik diskutieren, . . .
5. Er würde über die Wirtschaft diskutieren, . . .
6. Er würde über die Banken schreiben, . . .

Aufgabe 3 *(Drei Phasen)*   Relativsätze in der Rolle des Subjekts

Mustersatz: Wer viel Geld verdienen will, *muß arbeiten.*

Leitsätze: 1. muß arbeiten.
2. muß auch Glück haben.
3. muß strebsam sein.
4. soll schwer arbeiten.
5. soll tüchtig sein.
6. soll sich darauf vorbereiten.

Aufgabe 4 (*Drei Phasen*)   1. Konjunktiv

Mustersatz: Es wurde mir gesagt, *er sei aus München.*

Leitsätze: 1. er sei aus München.
2. er kenne die Verhältnisse in München.
3. er habe Wirtschaftswissenschaften studiert.
4. er sei Journalist.
5. er studiere die heutigen Wirtschaftsprobleme.
6. er interessiere sich für die Verhältnisse in Bonn.

Aufgabe 5 *(Drei Phasen)*   2. Konjunktiv

Mustersatz: Ich war der Meinung, *daß die Probleme größer wären.*

Leitsätze: 1. daß die Probleme größer wären.
2. daß er nach Bonn ginge.

3. daß er über Politik schriebe.
4. daß der Wiederaufbau schneller ginge.
5. daß man den Fortschritt sähe.

Aufgabe 6 (*Vier Phasen*)   Adjektive: der Superlativ

Es gibt weitere sprachliche Mittel zum Ausdruck des Superlativs durch Gradadjektive und -adverbien wie: *höchst, äußerst, sehr, wirklich, außerordentlich, besonders, ganz besonders* usw. Gebrauchen Sie bitte eines der Wörter in den folgenden Sätzen, um das Adjektiv zu steigern.

Zum Beispiel:

Sprecher: Dieser Wirtschaftsjournalist hat einen großen Leserkreis. (außerordentlich).
Student: Dieser Wirtschaftsjournalist hat einen außerordentlich großen Leserkreis.

Die Sätze sind:

1. Der Journalist hat eine interessante Tätigkeit. (höchst).
2. Der Journalist legt neue Wirtschaftsvorgänge dar. (wirklich).
3. Er macht eine lange Reportage über die Wirtschaftslage. (sehr).
4. Der Bericht ist interessant. (äußerst).
5. Er liefert aktuelle Informationen. (höchst).
6. Sie sind aus zuverlässigen Quellen. (ganz besonders).
7. Er schreibt einen umfangreichen Bericht. (besonders).
8. Er führt die Leser an schwere Probleme heran. (wirklich).
9. Er beschreibt die schwierige Lage. (höchst).
10. Er macht neue Vorschläge. (wirklich).

Aufgabe 7 (*Vier Phasen*)   1. und 2. Konjunktiv

Die Sätze sind vom Präsens ins Imperfekt zu setzen.

Zum Beispiel:

Sprecher: Der Wohlstand könne besser werden, sagt er.
Student: Der Wohlstand könnte besser werden, sagte er.

Die Sätze sind:

1. Die allgemeine Lage könne besser werden, sagt er.
2. Die Lage solle besser werden, sagt er.
3. Der allgemeine Wohlstand solle besser verteilt werden, sagt er.
4. Man müsse steuerfrei sein, sagt er.
5. Der Staat solle mehr Eigentum schaffen, sagt er.
6. Der Staat müsse mehr Steuer verlangen, sagt er.
7. Eine Konjunktur könne dadurch entstehen, sagt er.

Aufgabe 8 (*Vier Phasen*)   Vergleichsformen des Adverbs

Bilden Sie bitte die Vergleichsformen der Adverbien in der folgenden Art und Weise:

Sprecher: Ich rauche gern.

Student: Er raucht lieber, sie raucht am liebsten.

Die Sätze sind:

1. Ich komme spät.
2. Ich komme früh.
3. Ich komme schnell.
4. Ich komme selten.
5. Ich rauche viel.
6. Ich bin stolz darauf.
7. Ich bin froh.
8. Ich rauche gern.

Aufgabe 9 (*Vier Phasen*)   Befehle

Stellen Sie sich vor, daß Sie ein Kind anreden wollen. Geben Sie bitte die Befehle.

Zum Beispiel:

Das Kind soll früh ins Bett gehen.

Geh früh ins Bett!

Geben Sie bitte die Befehle:

Das Kind soll: 1. langsam essen
                2. still bleiben
                3. früh ins Bett gehen
                4. die Zähne putzen
                5. sich gut waschen
                6. das Spielzeug aufheben
                7. die Tür zumachen
                8. das Spielzeug zurückgeben
                9. alles aufessen
               10. den Rest wegwerfen.

Aufgabe 10 (*Vier Phasen*)   Reflexive Pronomen und Verben

Es gibt Verben mit einem Reflexivpronomen im Akkusativ, und Verben mit einem Reflexivpronomen im Dativ. Setzen Sie bitte die Sätze in die *ich-Form* (1. Person Singular).

Zum Beispiel:

Sprecher: Er hat sich das Problem überlegt.

Student: Ich habe mir das Problem überlegt.

Sprecher: Er hat sich der Sache entsonnen.

Student: Ich habe mich der Sache entsonnen.

Die Sätze sind:

1. Er hat sich an die Sache erinnert.
2. Er hat sich das Problem schwerer vorgestellt.

3. Er hat sich ein Haus gebaut.
4. Er hat sich den Fall überlegt.
5. Er hat sich dann wirklich besonnen.
6. Er hat sich an das Wirtschaftsproblem erinnert.
7. Er hat sich in der Person geirrt.
8. Er hat sich an einer Tagung beteiligt.
9. Er hat sich einen neuen Wagen gekauft.
10. Er hat sich die Angelegenheit überlegt.

Übung
in der Deutschen Sprache

Übung 1   Präpositionalobjekte mit
                                    Akkusativ, Genitiv und Dativ

Die zutreffenden Wörter sind zu ergänzen. Lesen Sie bitte die Sätze vor:

1. Bei sein— ganz— Tätigkeit als Wirtschaftsjournalist versucht er,
   die Tatsachen klarzustellen.
2. Er arbeitet nicht in d— Weise wie man allgemein bei Wirtschafts-
   teil— groß— Zeitungen arbeitet, nämlich daß man wirklich nur zu

   d— wirtschaftlich Interessiert— in d— Wirtschaftsfachsprache
   spricht, sondern er will aus d— Geschehen Einzeln— herausgreifen.
3. Er versucht die Leser an d— Problem— heranzuführen, mit d—
   man sich in Bonn beschäftigt.
4. Er will so einen Begriff finden, in d— die Wirtschaftspolitik in ganz
   groß— Züg— verläuft.
5. Er sammelte bei d— verschieden— Ministeri—, bei d— er war,
   Material zu d— Thema 'Eigentum'.
6. Die Gedanken wirken sich auf d— ganz— Landwirtschaftspolitik
   aus.
7. Der Bauer hängt sehr an sein— Eigentum.

Bundeshaus   Bundestagsdebatte

8. Von d— Bauer— wird Eigentum oft als lebenswichtig angesehen.
9. Irgendeine Konjunktur steht immer vor d— Tür.
10. Laut d— Ministeri— steht ihnen das Problem des Eigentums der Einzelperson immer vor d— Aug—.

Übung 2   Verbalpräfixe

Die Präfixe *be-*, *er-*, *ent-*, *ge-*, *miß-*, *ver-*, *zer-* sind Verbalpräfixe, mit denen man neue Verben bilden kann. Suchen Sie bitte je drei Verben mit jedem Präfix. Womöglich sollen die Verben die Themen *Handel* oder *Industrie* betreffen.

Zum Beispiel: *be-: beleuchten, benageln, bespritzen.*
   Geben Sie auf Deutsch die Bedeutung der Wörter, die Sie gewählt haben, und dann die Bedeutung des Präfixes an.

Übung 3   Zahlen: Groß- und Kleinschreibung

Erklären Sie bitte auf Deutsch, weshalb die Kardinal-, Ordinal- und Bruchzahlen in den folgenden Sätzen entweder groß oder klein geschrieben sind.

1. Es geht in die Hunderte.
2. Die Stadt hat über zwei Millionen Einwohner.
3. Das Quecksilber in dem Thermometer steht auf null Grad.
4. Er ist eine wahre Null.
5. Die Uhr ist eins.
6. Es ist ein Uhr.
7. Er hat eine Uhr.
8. Sie gingen alle drei zu Fuß.
9. Ein paar Schuhe sind in diesem Bündel.
10. Ein Paar Schuhe stehen unter dem Schrank.
11. Wir dachten, wir sprachen unter vier Augen, aber ein Dritter war anscheinend dabei.
12. Der Ratzeburger Achter war weltberühmt.
13. Das Dorf hat nur eintausend Einwohner.
14. Zwei Augen sehen mehr als eins.
15. Durch Abdampfung verliert die Masse drei Zehntel an Gewicht.
16. Ist es schon Viertel nach eins?
17. Sie kaufte ein viertel Kilo Käse.
18. Sie spricht mit halber Stimme.
19. Nur 55 vom Hundert nahmen an der Wahl teil.
20. Er ist noch in den Dreißigern.

Übung 4   Nebenordnende Konjunktionen

Die folgenden Sätze sind zu vervollständigen:

1. Es ist die Aufgabe eines Wirtschaftsjournalisten, *sowohl* die Tatsachen klarzulegen, *als auch* . . .

   2. Er ist verpflichtet, *nicht nur* statistische Information darzulegen, *sondern auch* . . .

   3. Er soll *weder* romantisieren, *noch* . . .

   4. *Entweder* sollte er Behauptungen in dem Artikel beweisen, *oder* . . .

   5. Er kann statistische Informationen durch Tabellen klarmachen, *sowie* . . .

   6. Er kann die Information durch eine Tabelle geben, *allein* . . .

   7. Eine Zeitung ist *so* gut *wie* . . .

   8. Der Sprecher beschreibt *ebenso* . . .

   9. *Insofern* kann man . . .

  10. Er ist *nämlich* ein guter Journalist, *denn* . . .

Übung 5   **Konjunktiv der Modalverben**

Um den Konjunktiv der Modalverben zu üben, geben Sie bitte die Sätze in der indirekten Rede wieder. Beginnen Sie mit den Wörtern: *Er sagte, daß* . . .

   1. Er muß sich für einen größeren Leserkreis interessieren.

   2. Ein Wirtschaftsartikel soll viele Leser ansprechen.

   3. Er will sich das Leben an der Börse in München ansehen.

   4. Er darf die Börse besichtigen.

   5. Er kann die wirtschaftlichen Probleme danach besser beurteilen.

   6. Er mußte zuerst die Genehmigung haben.

   7. Er durfte bei den verschiedenen Ministerien Material sammeln.

   8. Er wollte hauptsächlich das Thema 'Eigentum' studieren.

   9. Das Land sollte dadurch einen gewissen Wohlstand erreichen.

  10. Er mochte sich gern mit dem Thema 'Landwirtschaft' befassen.

  11. Er konnte genügend Material erwerben, um viele Artikel zu schreiben.

Übung 6   **Indirekte Rede**

Der folgende Ausschnitt ist von der direkten Rede in die indirekte Rede umzuwandeln. Beginnen Sie bitte mit den Wörtern: *Der Sprecher sagte, daß* . . .

'Man hat nach außen hin zuerst einen gewissen Wohlstand erreicht. Man weiß aber auch, daß dieser Wohlstand ungleich verteilt ist, sehr ungleich, nämlich so, daß wirkliche Substanz, wirklicher Reichtum in dem Sinn, daß es etwas Gediegenes und Dauerndes ist, selten da ist. Meistens ist es so, daß einer eben nur so viel verdient, daß er auskömmlich bis gut leben kann, aber wenn eine Konjunkturlage eintreten würde, in der er seine Stelle verlieren würde, dann würde er wieder dastehen wir vorher. Um hier einen Ausgleich zu schaffen, um hier mehr Sicherheit zu geben als nur den hohen Verdienst, den man ja verlieren kann, denkt man jetzt besonders im Arbeitsministerium daran, mehr Eigentum zu schaffen.'

Übung 7   Beschreibung

Was ist: 1. eine Börse   2. der Kurs

       3. Verdienst   4. Eigentum

       5. das Wirtschaftsministerium   6. Information

       7. Propaganda   8. eine Meldung

       9. Freihandel   10. Konjunktur?

Übung 8   Gliedsätze des 1., 2. oder 3. Grades

Gliedsätze können in der Unterordnung des 1., 2. oder 3. Grades stehen.

Zum Beispiel:

Er sagte, *daß er über Wirtschaftsprobleme besser schreiben könnte, wenn er eine Börse besuche, wie es in München eine gibt.*

    Ergänzen Sie bitte die Sätze mit Gliedsätzen des 2. und 3. Grades:

    1. Er denkt, daß er Material in Bonn sammeln kann, . . .

    2. Er meint, er kann es von den Ministerien bekommen, . . .

    3. Er hofft, daß die Möglichkeit besteht, . . .

    4. Er dachte, daß das Problem des Eigentums zu lösen wäre, . . .

    5. Er sagte, daß er die Landwirtschaft betrachte, . . .

Übung 9   Der mehrfach zusammengesetzte Satz

Der mehrfach zusammengesetzte Satz besteht aus einer zusammengesetzten Satzreihe. Schreiben Sie bitte zwei dieser Sätze: den einen mit mehr als 50 Wörtern und den anderen mit mehr als 100 Wörtern über ein Wirtschaftsthema.

Übung 10   Zusammenfassung

Fassen Sie bitte diesen Zeitungsartikel in nicht mehr als 100 Wörter zusammen:

Der Statistiker
Das moderne Berufsbild

'An der Kopfseite des großen Sitzungssaales im Statistischen Bundesamt in Wiesbaden ist eine große Weltkarte angebracht, die sich bei genauerem Hinschauen als kunstvolles Gebilde aus lauter Ziffern und Zahlen entpuppt. Was der Künstler ausdrücken wollte, liegt auf der Hand: Unsere Welt ist eine Welt der Daten und Zahlen geworden, — und der Statistiker ist ihr Prophet.

            .   .   .

    Die Aufgabengebiete reichen von der Bevölkerungs- und Bildungsstatistik bis hin zur Wirtschafts- und Verkehrsstatistik — reich demonstriert beispielsweise durch das alljährlich erscheinende Statistische Jahrbuch für die Bundesrepublik Deutschland, in dem auf über 800 Seiten einige hunderttausend Zahlen aus allen Bereichen des menschlichen Lebens gesammelt sind.

Der Statistiker ist nun nicht allein nur Sammler und Verarbeiter von Zahlen, und seine Arbeit hört nicht damit auf, daß er die ermittelten Zahlenangaben in Schaubildern und Tabellen niederlegt. Dem modernen Statistiker obliegt es vielmehr, zweckmäßige und zuverlässige Methoden zur Erfassung der benötigten Daten zu entwickeln, den Ablauf statistischer Erhebungen zu leiten, zu überwachen und zu kontrollieren, und schließlich Methoden zu finden, das gewonnene Material aufzubereiten und unter Ausschaltung oder Eingrenzung des Zufalls auszuwerten.

Die verschiedenen Aufgaben stellen an den Statistiker unterschiedliche Anforderungen. Der wissenschaftliche Statistiker entwickelt und verbessert die statistischen Methoden und Verfahren. Ihm obliegt es, eine Erhebung unter Berücksichtigung der besonderen Zielsetzung und der zu erfassenden Sachverhalte zu planen und vorzubereiten.

Aus der Zeitung: *Die Welt*. Samstag 12. August 1967.

Meinungen

1. Nennen Sie zehn Wörter aus der 'Wirtschaftsfachsprache'. Was sind die Bedeutungen dieser Wörter?

2. Wie stellen Sie sich die Tätigkeit eines Wirtschaftsjournalisten vor? Bei einer Nationalzeitung? Bei einer Fachzeitschrift?

3. Was für eine akademische Vorbereitung ist erforderlich?

4. Was für eine weitere Ausbildung wird verlangt?

5. Wie und wo hat der Sprecher seine eigene Erfahrung erweitert?

6. Was ist eine Börse? Zu welchem Zweck ist eine Börse notwendig? Wo gibt es in Deutschland Börsen?

7. Inwiefern ist eine Börse das Barometer der ganzen Wirtschaftslage eines Landes?

8. Was treibt man an der Börse?

9. Was sind Aktien? Was ist (*a*) ein Aktienmakler, (*b*) ein Aktionär?

10. Was ist der Unterschied zwischen einer G.m.b.H. und einer A.-G.?

11. Was sind die Aufgaben und die Tätigkeiten einer Bank?

12. Was ist (*a*) eine Landeszentralbank, (*b*) eine Sparkasse, (*c*) eine Filialgroßbank?

13. Was ist (*a*) ein Girokonto, (*b*) ein Postscheckkonto?

14. Inwiefern ist der Wert des Geldes von Metallgeld oder Papiergeld abhängig?

15. Was sind die Zahlungsarten? In welchen Situationen werden sie gebraucht?

16. Welche Rolle spielt der Großhandel und der Einzelhandel in der Verteilung der Produktion?

17. Was sind die Grundfunktionen des kaufmännischen Betriebes?
18. Wie funktioniert die Zahlung durch Banküberweisung?
19. Wie wird der Arbeitnehmer im Betrieb vertreten?
20. Welche Abteilungen könnte eine Betriebsorganisation haben?
21. Was sind die Aufgaben des Außenhandels?
22. Inwiefern gibt es einen Zusammenhang zwischen Wirtschaft und Kultur?
23. Und zwischen Wirtschaft und Politik?
24. Was verstehen Sie unter dem Wort 'Wohlstand'?
25. Wie sollte man den Wohlstand bemessen?
26. Was ist Konjunktur? Geben Sie ein Beispiel.
27. Wie wichtig ist die Schaffung von Eigentum für die Gesamtwirtschaft?
28. Wie groß war die Produktion in der Bundesrepublik in den letzten fünf Jahren? Geben Sie bitte eine statistische Darstellung.
29. Wie wichtig ist der Export für die Bundesrepublik?
30. Wie sieht die westdeutsche Wirtschaftslage aus?

Transkription

Die folgenden Stücke von der originalen Tonbandaufnahme sind zu transkribieren:

1. Von   'Ich schicke folgendes voraus' . . .
   bis . . . 'an Wirtschaftsvorgänge herangeführt werden'.
2. Von   'Wiederum, das war beim Börsenbesuch auch so' . . .
   bis . . . 'mit denen man sich in Bonn beschäftigt'.
3. Von   'Man hat nach außen hin' . . .
   bis . . . 'selten da ist.'

Bibliographie

Kruse-Heun, *Betriebswirtschaftslehre*, Kurzausgabe, Winklers Verlag — Gebrüder Grimm, Darmstadt. Neueste Auflage.

Kruse-Heun, *Der kaufmännische Schriftverkehr*, Winklers Verlag — Gebrüder Grimm, Darmstadt. Neueste Auflage.

Germany Reports — Section on the Economy, published by the Press and Information Office of the Federal Government.

Günther D. Roth, *ABC der Wirtschaft*, Nr. 1568/69, Goldmann Taschenbücher.

Heinrich Rittershausen (hrsg.) *Wirtschaft*, FL 8, Fischer Bücherei.

VOCABULARY

Only essential words are listed in this vocabulary, and the notes have been kept very brief; those words which are given are either unusual, or require special clarification within the context. At this level the student should be able to use a dictionary for basic words, and reference books.

The abbreviations used are:

m.	masculine noun	v.t.	transitive verb
f.	feminine noun	v.i.	intransitive verb
n.	neuter noun	v.r.	reflexive verb
pl.	plural	p.p.	past participle
adj.	adjective	pres.p.	present participle
adv.	adverb	Gen.	Genitive
prep.	preposition	u.a.	und andere, unter anderen

After a noun the genitive singular and the plural are given. (-(e)s, ⸚e) indicates that the genitive is either -es or -s, and the plural -e, with an umlaut over the preceding a, o, or u.

The number in brackets at the end of a line refers to the Stück in which the main use of the word occurs (10 u.a.) refers to Stück 10, and others.

Abgeordnete m. & f. (-n, -n), political representative, member of the Bundestag, (11, 12)

abgeschieden p.p. & adj., solitary, isolated, (2)

Abitur n. (-s, (-e)), examination taken on leaving school, which may serve for admission to a university, (7)

Abiturient m. (-en, -en), a candidate for the Abitur, (7, 8)

ablegen (ein Examen) v.t., take an examination, (8)

Absatzmarkt m. (-(e)s, ⸚e), seller's market, sources to which goods are sent, (5)

Abschnitt m. (-(e)s, -e), section, division, cut, (14)

abspenstig (adj.) **machen**, alienate, (13)

Absperrung f., closing off, (11)

Abspülbecken n. (-s, -), sink unit for rinsing, or washing up, (2)

Abteilung f., section, department, (9)

abzahlen (in Raten) v.t., pay off (in instalments), (1)

Ackerfläche f., expanse of arable land, (10)

Aktienmakler m. (-s, -), stockbroker, (15)

Aktionär m. (-s, -e), shareholder, stockholder, (15)

Aktualitäten f. pl., topical events or news, (14)

allgemeinbildende Schule f., school offering a general all-round education, (7)

Ampel f. (pl. -n), traffic light(s), (2)

anfällig adj., susceptible to, (15)

Anforderung f., demand, claim, (7, 8)

Angebot (und Nachfrage) n. (-es, -e), supply and demand, (5)

Angelegenheit f., matter, concern, business, (4 u.a.)

Ankündigung f., announcement, notification, (3)

Anlaß m. (-(ss)es, ̈(ss)e), occasion, (13)

Anleihe f., loan, (11)

Anordnung f., instruction, regulation, (9)

Anpassungsfähigkeit f., ability to suit, adaptability, (6)

ansässig adj., resident, (8)

Anspruch m. (-s, ̈e), in Anspruch nehmen, put forward a claim to, (2, 12)

Antrag m. (-s, ̈e), proposition, proposal, (7)

Anwendungsmöglichkeiten f. pl., possible ways of dealing with a subject, (4 u.a.)

Arbeitsgemeinschaft f., group gathered together for purpose of work, or study of a common subject, (9)

Auffassung f., comprehension, interpretation, (9, 10)

aufgeweckt p.p. & adj., bright, clever, intelligent, (8)

Aufmunterung f., animation, encouragement, (8)

Aufnahme = Tonbandaufnahme f. recording on tape, (1 u.a.)

aufnehmen (auf Tonband) v.t., record (on tape), make a tape recording, (1 u.a.)

Aufprall m. (-(e)s, -e), striking or forceful landing (on ground), (5)

Aufschwung (in der Wirtschaft) m. (-(e)s), upward trend or swing, (6, 12)

auftauchen v.i., rise to the surface, appear suddenly, (14)

Aufwand m. (-(e)s), consumption, expenditure, (13)

ausgestalten v.t., elaborate, develop, shape, (1)

ausgiebig adj., abundant, (4)

auskömmlich adj., sufficient, (15)

Auslese f., choice, selection, (7)

Ausmergelung f., impoverishment, (10)

Auspowerung f., devitalizing, (10)

ausreichend adj., sufficient, satisfactory (an assessment of academic ability), (7)

Aussagesatz m., (-es, ̈e), affirmation, statement, (4, 5)

ausschalten v.t., to switch off (radio, tape recorder, etc.), (14)

Ausschau (f.) halten, be on the watch for, (13)

Ausschuß m. (-(ss)es, ̈(ss)e), committee, board, (9)

ausstatten v.i., fit out, (4, 8,)

Ausstellungsgegenstände m. pl. (-es, ̈e), objects or items displayed at an exhibition, (4)

Auswärtiges Amt n. (-(e)s, ̈er), the German equivalent to the Foreign Office, (9)

Backschlauch m. (es, ̈e), connecting cord, or tube, (5)

Banküberweisung f., bank transfer, (15)

Basteln n., constructive hobby, working at a hobby, (10)

Bauerschaft f., farming community, farmers (collectively) (used especially in Westfalen), (10)

Baugenehmigung f., permission to build, (3)

Baugesellschaft f., building society, (2)

Baukostenzuschuß m. (-(ss)es, ̈(ss)e), grant or payment towards building costs, (4)

Bausparkasse f., savings society or bank, usually tied to a building society, (1 u.a.)

Baustoff m. (-(e)s, -e), building material, (2)

Bauvorhaben n., building project or plan, (12)

Bedenkzeit f., time for reflection, (9)

Bedeutungsschwierigkeiten f. pl., difficulties in interpreting the meaning or significance, (6)

Bedeutungsunterschiede m. pl., differences in meaning, (3)

Bedingungen f. pl., conditions, terms, (1 u.a.)

Begabung f., ability, aptitude, (8)

Behauptung f., statement, (2 u.a.)

Beifall m. (-s), applause, approval, (9)

belanglos adj., of no consequence, (10)

beseitigen v.t., put aside, (4)

Bericht vom Tage m. (-s, -e), name of a TV programme, (14)

Besatzungmacht f., occupying power (in post-war Germany), (11)

Beschaffungsmarkt m. (-(e)s, ̈e), market(s) from which goods are bought, supply market, (5)

Beschluß m. (-(ss)es, ⁓(ss)e), decision, conclusion, (11)

Besetzung f., occupation, often military occupation, (12)

bestanden (mit Tannenwald) p.p., grown over with a pine forest, (10)

Bestandteil m. (-s, -e), ingredient, component, (1)

Beständigkeit f., steadfastness, persistence, (8)

bestellt (mit Roggen) p.p., cultivated with rye, (10)

Bestimmungsform f., determining form, (14)

Beton m. (-s, -s), concrete, (2)

Betrieb m. (-(e)s, -e), factory, works, plant, trade, industry, (8 u.a.)

Betriebsrat m. (-(e), (⁓e)), works council, shop committee, or adviser to a council or committee, (6)

bewältigen v.t., master, overcome, (8)

bewilligen v.t., permit, agree to, grant, (4)

Bewußtsein n., knowledge, consciousness, (6)

Bezirkshauptstadt f. (pl. ⁓e), capital of a (former) administrative district, (3)

Bildungserwerb m. (-(e)s, -e), educational gain or acquisition, (9)

bildungsseßhaft adj., established educationally, or settled, (8)

Bildungsstand m. (-es, ⁓e), state of education, general level or standing, (10)

Bodenübungen f. pl., exercises practised or performed on the ground (as opposed to 'in flight'), (5)

bohnern v.t., wax, polish, (4)

Börse f., stock exchange, (15)

Buchhalterin f., (female) book-keeper or accountant, (2)

Bürgerpflicht f., one's duty as a citizen, civic duty, (11)

Bürotätigkeit f., pursuance of a profession, task or job in an office, (6)

Dachziegel m. (-s, -), roof tile, (2)

Darbietung f., performance, entertainment offered, (14)

Darstellung f. **graphische Darstellung**, description, presentation, graphical representation, (7), (1 u.a.)

Dasein n., existence, (10)

Dienstleistungsbetrieb m. (-(e)s, -e), service (as distinct from production), (5)

Dorfgemeinschaft f., village community, (2)

Dozent m. (-en, -en), university or technical college lecturer, (7)

Dringlichkeitsstufe f., grading according to degree of urgency or need (in this Stück, of a flat), (4)

Durchgangsverkehr m. (-(e)s), through traffic, (3)

duzen v.t. & ref., be on familiar enough terms to say *du* to a person, (13)

Eigenheim n. (-(e)s, -e), one's own home, (1)

Eigenschaft f., feature, characteristic, quality, character, (12)

Eigentum n. (-s, ⁓er), property, (15)

Eignung f., aptitude, (7)

Eignungsauslese f., selection on the basis of an aptitude or intelligence test, (7)

Einbildungskraft f., imagination, (1)

einbürgern v.t., make a citizen of a person, enfranchise, (13)

Einfall m. (-es, ⁓e), sudden idea, (6)

eingeschriebener (Brief), registered (letter), (6)

Einheimische(r) m. & f., indigenous, native (inhabitant), (2, 3)

einschalten v.t., switch on (radio, tape recorder, etc.), (14)

einschulen v.t., send to school, introduce to school life, (7, 10)

Einseitigkeit f., one-sidedness, (9)

einstöckig adj., one-storied (house), (3)

Einwand (gegen) m. (-(e)s, ⁓e), protest (against), (14)

einweihen v.t., inaugurate, (2)

Einzelhändler m. (-s, -), retailer, (5)

einziehen (Soldaten, usw.) v.t., call up, draft, (6)

Eitelkeit f., vanity, conceit, (10)

entgegensetzende (Sätze) (pres. p.), sentences set in antithesis, (3 u.a.)

Entgelt n. (& m.) (-(e)s), reward, payment, (13)

entpuppen v.r. (suddenly) turn out to be, (15)

Entscheidung f., decisive point, decision, (6 u.a.)

entsprechen v.i. (+ Dative), conform to, correspond to, match, comply with, (3 u.a.)

Entwicklungshilfe f., aid supplied for development (e.g. Marshall Aid), (15)

Entwurf m. (-(e)s, ⁓e), outline, plan, scheme, project, rough draft, (4, 8,u.a.)

Erbe m. (-en, en), heir, successor, (2)

erfahrungsgemäß adv., from experience, (8)

Erforschung f., research, (3 u.a.)

Erkennungszeichen n., recognition sign, distinctive mark, (3)

Erlebnis n. (-ses, -se), experience, adventure, event, (5 u.a.)

Errichtung f., construction, erection, (1)

Ersetzung f., substitution, (1 u.a.)

Erstürmung f., taking by storm, (13)

Erwachsene(r) m. & f., grown up, (9 u.a.)

Erwerber m. (-s, -), person who acquires something, (1)

Eschgelände n. (-s, -), ground planted with or covered with ash trees, (10)

Fach n. (-(e)s, ⁓er), subject, speciality, department, branch, (8 u.a.)

Fachschule f., technical school, or college, (7)

Fachzeitschrift f., trade journal or magazine, (15)

Fallschirmspringer m. (-s, -), parachutist (used mainly in connection with the sport), (5)

Familiäres matter(s) concerned with the family circle, (4)

Familienzusammengehörigkeit f. family solidarity, intimate sense of belonging to the family, (14)

Farbfernsehen n. (-s, -), colour television, (14)

Fernheizung f., (central) heating supplied from a distant source, such as the town works, community heating, (1)

Fertigwand f. (-wände), prefabricated wall (unit), (2)

Fertigwaren f. pl., ready-made or manufactured articles or goods, (2)

Filialgroßbank f. (pl. -en), branch of a big bank, such as the Deutsche Bank, (15)

Finanzforderung f., financial demand or claim, (15)

Firma f. (-en), firm, business, (1 u.a.)

Flüchtling m. (-s, -e), refugee (used in Germany with special reference to post-war (1939–45) refugees), (2)

Förderung f., advancement, promotion, furtherance, (9)

Forschung f., research, enquiry, (9 u.a.)

fortfahren (Sprecher) v.i. (aux. **haben**) continue, proceed, go on with a topic, (8)

fränkisch adj., Frankish, Franconian, (15)

Frauenverband m. (-(e)s, ⁓e), association of women, (9)

Freifallage f., position in parachuting whilst falling free, before the opening of the parachute, (5)

Friseurmeisterin f. (-nen), qualified hairdresser, one who has served an apprenticeship and passed an examination or test, (4)

Fügung f., fitting together, joining, (5)

Fulgurit m. (-s, -e), asbestos building material, (2)

Fundament n. (-(e)s, -e), foundation, (2)

Furche f., ridge, (3)

Gebrauchtwagenverkäufer m. (-s, -) salesman of second-hand cars, (5)

Gediegenes the true, genuine, pure, (15)

Gedränge n. (-s), crowd, pressing need, (2)

gefärbt(e) (Hochsprache) adj. & p.p., Hochsprache tinged with a regional accent or pronunciation, (3)

Gegensatz m. (-es, ⁓e), apposition, opposite, (14)

Geisteswissenschaften (f. pl.), the Arts (contrasted with the Sciences), (9)

gemäß adj., suited to, suitable, according to, (6)

Gemeinde f., parish, small administrative region, (1, 11)

Gemeindeverwaltung f., local government, (3)

Gemeinschaft f., community, (3 u.a.)

Genehmigung f., authorisation, permission, consent, (4 u.a.)

gescheit adj., intelligent, clever, (8)

Geschick n. (-es, -e), destiny, aptitude, (11)

Geschmacksbildung f., cultivation of good taste, or training for it, (9)

Geschwätz n. (-es), prattle, gossiping, idle talk, (3)

Geselligkeit f., sociability, (6)

Gesetzentwurf m. (-(e)s, -e), draft of a bill (submitted to the Bundestag), (12)

Gesetzgebung f., legislation, (12)

gespannt(e) (Aufmerksamkeit) adj. & p.p., eager (attentiveness), (7)

gestehen v.t. (**offen gestanden** — speaking frankly), admit, acknowledge, (9)

Gewählt(e) m. or f., person chosen or elected, (12)

gewähren v.t., grant, accord, (4)

Giebel m. (-s, -), gable, (3)

gierig adj., greedy, eager, (10)

Girokonto n. (-s, -konten), current account, (15)

Glanzleistung f., outstanding performance or achievement, (7)

Glaubensbekenntnis n. (-nisses, -nisse), creed, (10)

Gleichberechtigung f., equality (of rights), (6)

Gleichberechtigungsnominativ m. (-s, -e), complement (in grammar), (2 u.a.)

Glied n. (-(e)s, -er), part (of a word), (13)

Gliedsatz m. (-es, ⁒e), clause (in grammar) (6 u.a.)

Großhandlung f., wholesale firm, (2)

grüblerisch adj., melancholy, brooding, (12)

Grundriß m. (-risses, -risse), outline, plan, sketch, design, (4)

Grundstück n. (-(e)s, -e), plot of land, site, (1 u.a.)

Grundwort n. (-(e)s, ⁒er), basic word, (13 u.a.)

Gutsbesitzer m. (-s, -), landowner, owner of an estate, (7)

Handelsmarine f., (German) merchant Navy, (4)

Handgelenk n. (-(e)s, -e), wrist, (11)

handwerklich adj., of a trade, craft (in which the hands are mainly used), (8)

hängen bleiben v.t., get caught, held up, stuck, (4)

Hechtsprung m. (-es, ⁒e), extended spring (out of aircraft) (like a pike), (5)

Heimatkunde f., (study of) local history, geography, and social development, (11)

Herausgabe f., editing or publication (of a book), (11)

herausprügeln v.i., beat or force out (of someone), (13)

herstellen (eine Wohnung) v.t. set up, construct, produce, (1)

Hersteller m. (-s, -), manufacturer, producer, (3)

heuer (Austrian dialect) adv., this year, (4)

hiesig adj., local, indigenous, of a place, country, etc., (4, 7, 11)

Hilfsschirm m. (-(e)s, -e), pilot parachute, (5)

Hinweis m. (-es, -e), hint, allusion, (2)

Hofmeister m. (-s, -), steward of an estate, (2)

Höhenmesser n. (-s, -), altimeter, (5)

humanistisch(e) (Bildung) adj., classical (education), (9)

i-Männkes pl. (**i-Männchen**), little people (children) just beginning to go to school, (10)

Immatrikulierte m. & f., student who has matriculated, (8)

Inhaftierung f., process of taking into custody or arrest (feature of Karneval time), (13)

instand halten v.t., keep in a state of repair, maintain, (3 u.a.)

Jahrhundertwende f., turn of the century, (11)

jeweilig adv., for the time being, at the moment, at the time, (4)

kacheln v.t., tile, (4)

kandidieren v.i., stand as a candidate, (11)

Kandidierende m. & f., person standing as a candidate, (12)

Karenzzeit f., time of waiting or delay, (14)

Karneval m. (-s, -e & Austr. -s), carnival, festivities (especially in the Rheinland), (13)

Karnevalszug m. (-(e)s, ⁒e), carnival procession, (13)

Kaufvertrag m. (-(e)s, ⁒e), business contract, (1 u.a.)

Kausalsatz m. (es, ⁒e), causal clause, clause expressing reason or cause, (4 u.a.)

Kern m. (-(e)s, -e), essence, root, kernel, (7)

Kernzelle f., the very centre or essence of a matter, (10)

Kies m. (-es, -e), gravel, (2)

kippen v.t., tip up, overturn, tilt, (5)

klappen v.i., succeed, click, come off (colloquial), (6)

Klavierstunde f., piano-lesson, (10)

Klinkersockel m. (-s, -), base or socket made of klinker or hard brick, (2)

Knotenpunkt m. (-(e)s, -e), (railway) junction, traffic junction, (2)

Knüppel m. (-s, -) **zwischen den Beinen zu werfen**, cast difficulties in a person's way, try to trip a person up, (11)

Kochgelegenheit f., facility or opportunity of cooking, (1)

Kochkunst f. (pl. ⁒e), cookery, art of cooking, (9)

Kochnische f., small space or niche set aside for cooking, (1)

Kofferradio n. (-s, -s), portable transistor, radio, (14)

komisch (zumute) adj., in a peculiar or funny frame of mind, (14)

Kommunalverwaltung f., parish administration or council, (11)

Kommunion(s)kind n. (-(e)s, -er), child in festive raiment for his or her First Communion. (Roman Catholic), (10)

Konjunktur f., trade cycle, fluctuation in business, (sometimes) an upward trend in the state of the market, (15)

Kontoristin f. (-nen), (female) clerk, (6)

korrelativ adj., one in relation to the other, (3)

Krämerladen m. (-s, - & ∵), small haberdashery shop, (3)

Kreisstadt f. (∵e), chief town of a Kreis (smaller administrative unit than a county), (3)

Kreisprüfungsausschuß m. (-(ss)es, ∵(ss)e), committee set up at Kreis level to conduct examination or academic test, (7)

kümmern v. ref., worry about, care for, (8)

Kunde m. (-en, en), client, customer, (2 u.a.)

Kundschaft f., customers, clients, (2 u.a.)

Kursivdruck m. (-(e)s, -e), italics (2 u.a.)

Kursus m. (-, **Kurse**), course of lectures, etc. (8 u.a.)

Kurs m. (-es, -e), rate (on stock exchange), rate of exchange, (15)

Kurzmeldungen f. pl., news in brief, (14)

Kürung f., election, choosing (used here with special reference to the election of the Karnevalprinz in the Beethovenhalle in Bonn) (13)

Lackkappe f., patent leather cap, lacquered cap (of a shoe), (10)

Lackschnütkes pl. = **Lackkappen**, A niederdeutsch word, in the plural. Second part of the word is the diminutive form of Schnauze in Hochdeutsch) (10)

Lackschuhe f., lacquered shoe, (10)

Ladung f., cargo, load, freight, (7 u.a.)

Landesrecht n. (-es, -e), the right(s) of the Land (as distinct from the Bund) (12)

lässig adj., lazy, idle, (10)

Lauferei f., dashing around, running about (slang), (4)

Lausbub(e) m. (-en, -en), young devil, rascal, (8)

Lautgebilde n. (-es), sounds, (9)

Lebensversicherung f., life insurance, (6)

Leere f., (empty) space, (5)

Lehm m. (-(e)s, -e), clay, (2)

Lehre f. (in **der Lehre sein**), serve an apprenticeship, be under instruction, (6)

Lehrstoff m. (-(e)s, -e), subject matter or material for teaching, (8 u.a.)

Leistung f., accomplishment, achievement, work, production, (8 u.a.)

Leistungsfähigkeit f., efficiency, ability to achieve (much), (5)

Leitartikel m. (-s, -), leader, leading article, (14)

Leitsatz m. (-es, ∵e), key sentence or clause (used in the Aufgaben to denote substitution material), (1 u.a.)

Leitwörter n. pl., key words or phrases (used in the Aufgaben to denote substitution material), (1 u.a.)

Lichtbild n. (-es, -er), photograph, (9)

Lieferant m. (-en, -en), supplier, (2)

Linde f., lime-tree, (10)

Lohnerhöhung f., rise in wages, (4)

Luftsportverein m. (-s, -e), association or club (for parachuting, gliding, etc.) (5)

Lustspiel n. (-(e)s, -e), comedy, (14)

Magistratsposten m. (-s, -), post or job with the local authority or borough council (12)

Mahnung f., warning, (8)

Maßnahme f., measure, action, (1 u.a.)

Mehrheit f., majority (used here in a parliamentary sense) (12)

meiden v.t., avoid, shun, (4)

Meisterprüfung f., examination or test taken in a trade or profession in order to get a Master's Certificate, (4)

Meldung f., message, report, piece of news, (15)

Menschenschlag m. (-(e)s, ∵e), race, ethnic type or group, (13)

Meßgerät n. (-(e)s, -e), measuring instrument, (5)

Miete f., rent, lease, hire, (4 u.a.)

Mietwohnung f., rented flat or dwelling, (1)

Mitteilung f., information, communication, note, announcement, (12 u.a.)

Mitteilungswert m. (-(e)s, -e), value or use as a piece of information, (12 u.a.)

(eigenes) Mittun n., personal participation, or involvement, (9)

Mordsspaß m. (-es, ∵e), awful fun, terrific fun (slang), (6)

Morgen (Land) m. (-s, -), measure of land (historically an area of ploughed land), an area of less than an acre (variable), (2)

Müllkasten m. (-s, -), dust-bin, (5)
Mundart f., type of regional speech (sometimes referred to as dialect), (11 u.a.)
Mustersatz m. (-es, ⸚e), sentence given as an example for an exercise, (1 u.a.)

Nachdruck m. (-(e)s, ⸚e), emphasis, vigour, force, (14)
Nachfrage f. (**Angebot und Nachfrage**), demand, (5 u.a.)
Nachholbedarf m. (-(e)s), need to recover from a situation, a restocking, (7, 9)
Nachlässigkeit f., carelessness, negligence, (12)
Nachteil m. (-s, -e), disadvantage, (1 u.a.)
nachträglich adj., subsequent, additional, further, (6 u.a.)
nebenordnend adj., used here to refer to conjunctions which coordinate clauses, but do not subordinate one clause to the other — hence coordinating, (2 u.a)
Neigung f., bias (towards), disposition, tendency, (8 u.a.)
nichtsdestoweniger adv., nevertheless, (3)
Notlage f., emergency situation, distress, (6 u.a.)

Oberstufe f., upper school, or higher grade within the school (see Unterstufe), (7 u.a.)
obig adj., above, above-mentioned, (2 u.a.)
obliegen v.i., apply oneself to, have the task of, (15)
Ortspolitik f., local politics, (12)

Packhülle f., covering, envelope for the (parachute) pack, (5)
Packsack m. (-(e)s, ⸚e), pack container or sack, (5)
Pädagogische Hochschule f., teachers training college (at Paderborn, for instance, with university status), (7)
Parteianhänger m. (-s, -), supporter of a political party, (12)
Persiflage f., ridicule, scoffing, mocking (often by shouting or calling out), (13)
persiflieren v.t., ridicule, scoff at, mock (in the same way), (13)
Personenwahl f., direct election to the Bundestag, etc. (a percentage of candidates are personally elected; others are elected from the lists provided by the political parties), (12)

platzieren v.t., place, find a place for, (10)
Pleite (gehen) f., go bankrupt, (6)
Plüschschleifchen n. (-s, -), plush bow, (10)
Plüschschnitz m. (es, -e), small piece of plush cut to shape, (10)
pochen v.t., knock, pound, (6)
Posten m. (-s, -), used here for situation, job, (6 u.a)
Postscheckkonto n. (-s, -s or -konten), cash, or money order account at the post office, (15)
preiskrönen v.t., give an award to, (13)
Primanerkurs m. (-s, -), course for boys in the highest school class (our sixth form), (7)
Prozentsatz m. (-es, ⸚e), percentage, rate of interest, (1 u.a.)
Prüfung f., test, examination, (7 u.a.)

(im) Quadrat n. (-s, -), square, (1)

Ratschläge (pl. of Rat (m)), suggestions, pieces of advice, (12)
Realschule f., school in which emphasis is given to practical activities (rather than academic disciplines) (equivalent to secondary modern school), (7. u.a.)
Redakteur m. (-s, -e & -s), editor, (15)
Rederei f., much chatter, empty talk, (4)
Regierung f., government (used mainly for the Bundesregierung), (1 u.a.)
Regisseur m. (-s, -e), producer, (14)
Reife f., maturity, (used here in the sense of the age at which compulsory schooling ceases), (7)
Reihenfolge f., sequence, order (in which things come), (11 u.a.)
Reißleine f., rip cord, (5)
Reiterei f., riding, (2)
Rektionsschwierigkeiten f. pl., difficulties in attaching correct endings to words, (9 u.a.)
rentabel adj., profitable, (15)
reparaturbedürftig adj., in need of repair(s), (1)
Repräsentant m. (-en, -en), representative, (13)
Residuum n. (**-ums, Residuen**), residue, (12)
Ressort n. (-s, -s), sphere of activity or influence, department, (6)
Röhre f., valve (used here to refer to the TV screen), (14)
Rückschlag m. (-(e)s, ⸚e), set-back, reverse, (7)
Rücksprache f., discussion, consultation, (7)

Sachbezeichnungen f. pl., names of things, (10)

Satzreihe f., sequence in which clauses are placed, (15 u.a.)

Satzstellung f., order in which clauses are arranged within the sentence, (1 u.a.)

schändlich adj., scandalous, shameful, (11)

Schaulustige(r) m. & f., sight-seer or bystander, (13)

scheuern v.t., scrub, (10)

Schiffbruch m. (-(e)s, ⸚e), shipwreck (used here in the sense of 'going on the rocks'), (6)

Schlafgelegenheit f., sleeping arrangements, (1)

Schlager m. (-s, -), top hit, hit tune, (13)

(in) schlicht adj., (in) plain (language), straightforward, (10)

schnurgerade adj., straight as a die, (3)

Scholle f., home, native country, (15)

Schriftverkehr m. (-(e)s), correspondence, (5 u.a.)

Schulfunk m. (-s), programme for schools on radio and TV, (14)

Schulpflicht f., compulsory education, legal obligation of school attendance, (7)

Selbstauslösung f., act of releasing oneself, (5)

Selbstbedienung f., self-service (with special reference here to shopping in a supermarket), (6)

Siedler m. (-s, -), settler, newcomer to a district wishing or obliged to settle there, (3)

Siedlungshaus n. (-es, ⸚er), reference is to a type of post-war house often self-built in haste with what materials were available, also house on private estate (3)

Sitz (einer Regierung) m. (-es, -e), seat of government, (12)

Sitzungssaal m. (-(e)s, Säle), council chamber, (15)

Sitzverteilung f., distribution of seats (in a parliamentary sense), (12)

Sonderstellung (einnehmen) f., assume, take up special position, (12)

Soziologe m. (-n, -n), sociologist, (3)

sperren (eine Straße) v.t., seal off, or close a street, (9)

Spitzenleistung f., first-class endeavour or achievement, (8)

Sprachfertigkeit f., fluency, ability to speak fluently, (9)

Sprachgebrauch m. (-(e)s, -gebräuche), usage, (9)

Sprachlabor n. (-s, -s), language laboratory, (14)

sprachlich(e) (Mittel) adj., linguistic means, means of speech, (15)

Sprechstunden f. pl., consulting hours, (14)

spuken v.i., haunt, (15)

Stadtrand m. (-es, ⸚e), outskirts of the town, (2)

Stadtverwaltung f., local government, (4 u.a.)

stammverwandt(e) Wörter adj., cognate (words), (words of the same origin), (9)

(mit Stangen) versehen adj., furnished, provided with (a wooden hoop) (here in connection with skirts), (10)

stattlich adj., stately, grand, (3)

Steckdose f., electric light point, (1)

Stehbörtchen n., a small, stiff Mandarin collar which closes the neck of the blouse, (10)

stehende Lage f., standing or upright position (used here in connection with parachuting), (5)

Stenotypistin f. (-nen), shorthand-typist, (2 u.a.)

Stert m. (-es, -e) (niederdeutsch), tail, (10)

Steuer f., tax, duty, (12 u.a.)

Steuereinnahme f., collection of or income from taxes, (12)

Steuerermäßigung f., relief from payment of income-tax, (1)

Steuerfreiheit f., freedom from payment of taxes (an assumed privilege granted at Karneval Zeit), (13)

Stichtag m. (-(e)s, -e), key-date, fixed day, (13)

Stipendiat m. (en, -en), person receiving a grant or payment, (9)

Stipendium n. (-s, -ien), grant, gratuitous payment, subsidy, (9)

Stoffplan m. (-(e)s, ⸚e), syllabus, materials or topics to be used in teaching, (8)

Störung f., interruption, trouble, disturbance, (4 u.a.)

sträuben v.r., stir, ripple, bristle, (10)

Strebsamkeit f., perseverence, (3)

Streusiedlung f., scattered settlement, (10)

Stundenplan m. (-(e)s, ⸚e), time-table of subjects taught or studied, (8)

stur adj. (niederdeutsch), stiff, awkward, stubborn (slang), (14)

Tabelle f., chart, table, listing, index, (15)

Tagesordnung f., agenda, (12)

Tagesvorgang m. (-(e)s, ⁀e), events of the day, occurrences, happenings, (15)

Tagung f., conference, meeting, (13 u.a.)

Talspur f., line of the valley, configuration, (3)

tapezieren v.t., paper (walls, etc.), (4)

tätig adj., employed, engaged, (6 u.a.)

Tätigkeit f., employment, job, activity, function, (15 u.a.)

tatkräftig adj., energetic, (11)

Tierarzt m. (-es, ⁀e), vet, veterinary surgeon, (7)

Tonband n. (-(e)s, ⁀er), (magnetic) tape, recording tape, (1 u.a.)

Tracht f., costume, (national or regional) dress (10)

Tragfläche f., wing (of an aircraft), (5)

Treffpunkt m. (-(e)s, -e), meeting place, or point, (13)

Trubel m. (-s, -), confusion, noisy excitement, (13)

Übergangsprüfung f., promotion test, test used in schools to decide on transfer of children to another school, (7, 8)

übersiedeln v.t., emigrate, move (to a new area), (6)

übertragen (im Radio oder im Fernsehen) v.t., transmit, relay, broadcast, (13)

Übertragung f., transmission, broadcast, (4 u.a.)

Umgangssprache f., colloquial speech, (3 u.a.)

Umriß m. (-(ss)es, -(ss)e), outline, rough sketch, (7 u.a.)

Umsatz m. (-es, ⁀e), turnover, amount of business, exchange, (2 u.a.)

Umschulung f., transfer from one school to another, (7 u.a.)

Umstand m. (-(e)s, ⁀e), circumstance, condition, situation, (10 u.a.)

Umstandsergänzung f., completion of a clause or sentence by (adverbial) details of circumstances, (9 u.a.)

unwandeln v.t., transform, change, turn, convert, (15)

Unannehmlichkeit f., unpleasantness, annoyance, (14)

Unbestimmtheit f., vagueness, uncertainty, (14)

unförmlich adj., shapeless, informal, (3 u.a.)

Unfug m. (-(e)s), misconduct, mischief, (8)

universal (eingestellt) adj., universal (here in the sense of being disposed to view affairs broadly), (9)

Untergrundeinkaufsviertel n. (-s, -), underground shopping centre (reference to the one now created in Munich) (4)

Unterkunft f., accommodation, employment, (7 u.a.)

Unterlage f., basis, foundation, (11)

unterordnend pres. p. & adj., subordinating (used to indicate subordinating conjunctions), (4 u.a.)

Unterstufe f., lower form(s) of a school (as opposed to Oberstufe), (7, 8)

Unvermögen n. (-s), incapacity, inability, (5)

Unvorhergesehene(s) something unforeseen, unexpected, (13)

Urerzeuger m. (-s, -), primary producer (of raw materials), (5)

Urlaubsvertretung f., holiday replacement (in a job), (2)

Urteil (des Sprechers) n. (-s, -e), opinion or view of the speaker (on the tape), (1 u.a.)

verächtlich adj., despicable, scornful, (11)

Veranstaltung f., performance, show, (9, 13)

Verantwortungsbereich m. (& n.) (-(e)s, -e), sphere of responsibility, (6)

Verbraucher m. (-s, -), consumer, (5 u.a.)

verderblich adj., injurious, harmful, (11)

Verein m. (-s, -e), association, club, society, (13 u.a.)

(zur) Verfügung (f.) stehen, stand at a person's disposal, (11 u.a.)

vergebens adv., in vain, (4)

Vergesellschaftung f., nationalization, (7)

vergönnen v.t., allow, grant, not grudge someone having something, (10)

verhaken v.r., get hooked up in, (5)

Verhältnisse n. pl., circumstances, situation, (3 u.a.)

Verhandlung f., negotiation, discussion, conference, (3)

verkratzen v.t., (really) scratch, (10)

Verkalkung f., calcification, coating or furring up, (7)

(im) Verkauf m. (-(e)s, ⁀e), in the sales department, (2)

Verkehrsnetz n. (-es, -e), traffic network, (2 u.a.)

Verkehrszeichen n. (-s, -), traffic sign, (3 u.a.)

vermitteln v.t., negotiate, discuss with the idea of reaching a decision, (7)

Veröffentlichung f., announcement in public, publication, (13)

Versammlung f., assembly, meeting, collection, (11 u.a.)

Versetzung (in einer Schule) f., transfer to another class or school (usually promotion), (8)

Versicherung f., insurance

Verträglichkeit f., tolerant attitude, sociability, (6)

vertrauenswürdig adj., trustworthy, (3)

vertraulich-familiär(e) adj., used here with reference to the *du* and *ihr* forms, (5 u.a.)

Vertraute(r) m. & f., close friend, (8)

Vertrauenswerbung f., creation of confidence (in), (11)

Verwalterin f., manageress, (10)

Verzögerung f., delay, postponement, (5 u.a.)

Volkshochschule f., centre (college) of adult education, (9 u.a.)

Volkskunde f., folklore, (10 u.a.)

Voraussetzung f., assumption, supposition, (1 u.a.)

Vorbereitungen f. pl. (treffen), (make) arrangements, preparations, (13)

vorbestimmen v.t., decide in advance, (12)

vorgeschrieben(e) Zeit adj., prescribed time, (7)

Vorkommnis n. (-ses), -se), event, happening, (13)

Vorlesung f., lecture, (8 u.a.)

Vorsitzende m. & f., chairman, president, (9 u.a.)

Vorstand m. (-(e)s, ⁝e), board of directors, executive committee, (9)

Vorteil m. (-(e)s, -e), advantage, benefit, (1 u.a.)

Vortrag (halten) m. (-(e)s, ⁝e), address, give a lecture (on), (10 u.a.)

vortragen v.t., explain, (9)

Vortragende(r) m. & f., speaker, lecturer, (8)

Vortragsprobe f. (competition), trying out of the speeches (at the time of Karneval), (13)

Vortragswesen n. (-s), essence of a lecture, its conduct, (9)

Vorwurf m. (-es, ⁝e), reproach, theme, (6)

waagerecht adj., horizontal, (5)

Wahl f., election, (11 u.a.)

Wahlaufruf m. (-(e)s, -e), election manifesto, (8)

Wahlberechtigung f., entitlement to vote, (9 u.a.)

Wahlergebnis n. (-ses, -se), election result, (12)

Wanderjahre n. pl., years during which an apprentice changes employer and location, seeking to gain proficiency, (6)

wehen v.i., blow, (10)

Weiberfastnacht f., day during Karnevalzeit when women assume control of the (Rhineland) town, (13)

weiterführende Schule f., school at which education is continued (this might be a Gymnasium, Lyzeum, Realschule, or an Oberschule, etc). (7)

Werbeberater m. (-s, -), public relations officer or adviser, (11)

Werbetext m. (-es, -e), words used in advertising, text of an advertisement, (8)

Wertigkeit f., relative value, (7)

Werturteil n. (-s, -e), assessment of worth, or relative merit, (11)

Wetterausläufer m. (-s, -), offshoot of main weather pattern (possibly a secondary), (14)

Wetterbericht m. (-s, -e), weather report, (14)

Wiederaufbau m. (-(e)s, . . . ten), rebuilding, reconstruction, (1 u.a.)

Wiedergabe f., replaying, (for example, of a tape) reproduction, (8)

Wirtschaftsteile m. pl., parts (of the newspaper) dealing with economic problems, (15)

Wirtschaftsvorgang m. (-(e)s, ⁝e), economic process (or event), (15)

wissenschaftlich adj., scientific, scholarly, (8 u.a.)

Wissenschaftler m. (-s, -), scholar, scientist, (12)

Wochenschau f., news-reel, (14)

Wohlklang m. (-(e)s, ⁝e), harmony, melody, pleasing sound, (12 u.a.)

wohlklingend adj., harmonious, musical, (13)

Wohlstand m. (-es, ⁝e), prosperity, relative wealth, (12 u.a.)

Wohnungsamt n. (-(e)s, ⁝er), office of a Ministry of Housing (particularly important during the post-war housing shortages), (1 u.a.)

Wohnungsnot f. (⁝e), housing shortage, (1)

Wohnungssuche f., search for a house or flat, (4)

Wortstellung f., word order, order of words within a phrase, clause or sentence, (1 u.a.)

Zahlbegriff m. (-s, -e), notion of numbers, (6 u.a.)

Zähler m. (-s, -), meter, (1)

Zahlungsfähigkeit f., ability to pay, (8)

Zahlungsverkehr m. (-(e)s), monetary system, (5)

Zeitpunkt m. (-(e)s, -e), point in time, (5)

Zeitverhältnisse n. pl., circumstances (of time), (11)

zielbewußt adj., clear in aim, methodical, resolute, (7)

Ziellandung f., landing on target, (5)

Zollgrenzbezirk m. (-(e)s, -e), border area (in which the Zollgrenzpolizei have special control and powers), (3)

Zuchthaus n. (-es, ⁓er), prison for long-term offenders, (maximum) security prison, (8)

(zur) Zufriedenheit f., (to the) satisfaction (of), (7)

zugunsten prep. (+gen.), for the benefit of, (7)

Zulage f., addition, extra (pay), (12)

zusammenfassen v.t., summarize, (1 u.a.)

Zuschauer m. (-s, -), spectator, onlooker, (13 u.a.)

Zuschuß m. (-(ss)es ⁓(ss)e), subsidy, contribution, (11 u.a.)

Zustand m. (-(e)s, ⁓e), condition, position, situation, (6 u.a.)

zuständig adj., competent, appropriate, (7 u.a.)

Zuständigkeit f., competence, (12)

Zustimmung f., consent, agreement, (9)

zutreffend pres. p. & adj., relevant, (2)

zuverlässig adj., reliable, certain, (15)

Zuverlässigkeit f., reliability, trustworthiness, (5 u.a.)

Zuzug m. (-(e)s, ⁓e) **(von Flüchtlingen)**, influx, migration to a new area (of refugees), (2)

zwangsläufig adj., compulsory, (11)